LE PROJET INDIVIDUALISE
EN TRAVAIL SOCIAL

TECHNOLOGIE DE L'ACTION SOCIALE
Collection dirigée par Jean-Marc DUTRENIT

Les pays francophones, européens notamment, sont très carencés en outils scientifiques et techniques dans l'intervention sociale. Il importe de combler ce retard. "Technologie de l'Action Sociale" met à la disposition des organismes, des praticiens, des étudiants, des professeurs et des gestionnaires les ouvertures et les réalisations les plus récentes.

Dans cette perspective, la collection présente divers aspects des questions sociales du moment, rassemble des informations précises, garanties par une démarche scientifique de référence, permettant au lecteur d'opérationnaliser sa pratique. Chaque volume présente des méthodes et techniques immédiatement applicables. Au delà, la collection demeure ouverte à des ouvrages moins techniques, mais rendant compte d'expériences originales, pouvant servir de modèle d'inspiration.

Méthodes de diagnostic social, individuel ou collectif, modalités efficaces de l'accompagnement social de la rééducation et de l'insertion, techniques d'analyse et de prévision dans le domaine de l'Action sociale, modèles d'évaluation et d'organisation des services et établissements du secteur sanitaire et social, en milieu ouvert ou fermé sont les principaux centres d'intérêt de cette collection. Améliorer l'expertise sociale pour faciliter l'intégration des handicapés de tous ordre à la vie quotidienne, tel est en résumé l'objectif visé.

Ceux qui pensent que leur travaux peuvent trouver place dans cette collection peuvent contacter :

Jean-Marc DUTRENIT
c/o L'Harmattan
5-7 rue de l'Ecole Polytechnique
75005 Paris

Volumes parus :
1. BIN-HENG M.- CHERBIT, F. - LOMBARDI, E. *Traiter la violence conjugale*, 1996
2. BOROY A. *Mes enfants sourds* 1998
3. BORN M., LIONTI A.M., *Familles pauvres et intervention en réseau*, 1996
4. BRESSON M. *SDF et nouveau contrat social.* 1997
5. CASPAR , Ph. *L'accompagnement des personnes handicapées mentales*, 1994
6. DUTRENIT, J.M. *Evaluer un centre social*, 1994
7. DUTRENIT J.M. *La compétence sociale*, diagnostic et développement 1997
8. GILLET, J.C. *Animation et animateurs, le sens de l'action*, 1995
9. GOUARNE (ed) *Les aveugles dans l'entreprise* 1997
10. JELLAB A. *Le travail d'insertion en mission locale 1997*
11. LAFORESTRIE R. *Vieillesse et société 1997*
12. LARES-YOËL L.M. *Mon enfant triso 1997*
13. LEFEBVRE G. *Reconstruction identitaire et insertion*, 1998
14. LEPAGE-CHABRIAIS, M. *Réussir le placement des mineurs en danger*, 1996
15. MERIGOT D. *Familles en structures d'accueil. Approche systémique.* 1997
16. MERLE D'AUBIGNE D. *Création artistique et dépassement du handicap. Les ateliers Personimages* 1998
17. NICOLAS-LE STRAT P. *L'implication, une nouvelle base de l'intervention sociale,* 1996
18. RATER GARCETTE, C. *La professionnalisation du travail social (1880-1920)*, 1996
19. RUHAUD B. *Accueil familial et gestion de l'autorité parentale.* 1997
20. SCELLES R. *Fratrie et handicap* 1997
21. THYS P. *La pratique de la liberté surveillée* 1998
22. VASSEUR P., *Histoire de l'Aide à l'enfance*
23. VEZINA, A. et al. *Diagnostic et traitement de l'enfant en danger*, 1995
24. VOCAT Y. *Apprivoiser la déficience mentale.* Traiter la psychagénésie. 1997
25. ZAFFRAN, J. *L'intégration scolaire des handicapés*, 1997

Logiciels
Accompagnement Plus, **logiciel** de diagnostic et développement de la compétence sociale. (Jean-Marc Dutrénit 1997)

Collection Technologie de l'Action Sociale
Dirigée par Jean Marc Dutrenit

Daniel GRANVAL

LE PROJET INDIVIDUALISE EN TRAVAIL SOCIAL

Les dessins sont de Francis Campagne

L'Harmattan
5-7, rue de L'Ecole-Polytechnique
75005 Paris – FRANCE

L'Harmattan Inc
55, rue Saint-Jacques
Montréal (Qc) – CANADA H2Y 1K9

Du même auteur

- Méthodologie des projets individualisés – CREAI Nord Pas de Calais – 1994.

- C'est pas évident (co-auteur avec Francis Campagne) Edition d'auteur (F Campagne rue de fer 59660 Merville) 1997.

- Histoire du cinéma à Merville (Club Cinéma, 5, rue des Lilas – 59660 Merville). 1999.

SOMMAIRE

INTRODUCTION 11

1 - LE PROJET 17
    LE PROJET SOCIAL 19
    LE PROJET ASSOCIATIF 19
    LE PROJET INSTITUTIONNEL OU PROJET D'ÉTABLISSEMENT 20
    LE PROJET DE GROUPE 20
    LE PROJET COLLECTIF 20
    LE PROJET INDIVIDUEL 20
    LE PROJET INDIVIDUALISÉ OU PERSONNALISÉ 21
    LE PROJET À COURT, MOYEN OU LONG TERME 21
    LE PROJET CIRCULAIRE 22
    LE PROJET DYNAMIQUE 22
    PROJET ÉDUCATIF OU PROJET PÉDAGOGIQUE ? 24

2 - L'OBSERVATION 27
    L'OBSERVATION INDIRECTE 27
    TRAVAILLER L'HISTOIRE ET LE PASSÉ 28
    L'OBSERVATION DIRECTE 29
        Exemple de fait brut 30
        Exercice d'entraînement a l'observation concrète 32
        Modèle de grille d'observation 33
    MENER L'OBSERVATION DANS DE BONNES CONDITIONS 33

3 - DES MODES D'APPROCHE POUR ANALYSER LES OBSERVATIONS 37
    L'APPROCHE SYSTÉMIQUE 39
    LA PROGRAMMATION NEUROLINGUISTIQUE (P.N.L.) 40
    L'APPROCHE STRATÉGIQUE 42
    L'APPROCHE PARADOXALE 45
    L'APPROCHE TRANSACTIONNELLE 47
    L'APPROCHE COMPORTEMENTALISTE 49
    GRILLE D'ANALYSE DES OBSERVATIONS 53

4 – LA PROBLEMATIQUE ET L'HYPOTHESE EDUCATIVE 57
    LES COMPORTEMENTS RÉVÉLATEURS DE LA PROBLÉMATIQUE 58
    LA PROBLÉMATIQUE ET LA VARIABLE DÉTERMINANTE 65
    LES RESSOURCES ET LA VARIABLE CONDITIONNELLE 68

5 - LA PRISE DE CONSCIENCE DE LA PROBLEMATIQUE ET LA PREPARATION AU CHANGEMENT. 73

6 - LES OBJECTIFS GENERAUX 77

7 - LES OBJECTIFS SECONDAIRES OU OPERATIONNELS 89
LA CONFUSION OBJECTIFS GÉNÉRAUX ET OBJECTIFS SECONDAIRES.... 96

8 - LES MOYENS 99
ÉVITER LA CONFUSION ENTRE OBJECTIFS ET MOYENS 101

9 - LA PARTICIPATION DU SUJET 107

10 - DEVELOPPER LES PARTENARIATS ET LE TRAVAIL EN EQUIPE 119
LE RÉFÉRENT SOCIAL 120
LES TRAVAILLEURS SOCIAUX 121
LES JUGES 121
LES ENSEIGNANTS ET LES RESPONSABLES DES ÉTABLISSEMENTS SCOLAIRES 122
LES CONTINGENCES EXTÉRIEURES 123
LE TRAVAIL EN ÉQUIPE 125

11 - LA PARTICIPATION DE LA FAMILLE 127
L'INFLUENCE DE L'ENVIRONNEMENT 135
COMMENT FAIRE PARTICIPER LA FAMILLE ? 135
Dès la visite de pré-admission 135
Après l'admission 135
A travers le quotidien 136
LES LIMITES DE CETTE PARTICIPATION 137

12 - EXEMPLE DE PROJET INDIVIDUALISE 139

13 - L'EVALUATION 141
LES ÉVALUATIONS TRIMESTRIELLES 141
LA CONCERTATION 143
LA SYNTHÈSE 143

14 - EXEMPLE DE GRILLE D'EVALUATION (OU FICHE DE PROJET). 149

15 - LES PROJETS INDIVIDUALISES DANS LES DIVERSES BRANCHES DE L'ACTION SOCIALE. 153
UN EXEMPLE DE PROJET EN CAT 153
UN EXEMPLE DE PROJET EN IME 156

Un projet individualisé en gérontologie 158
Un projet individualisé dans le cadre de l'Action Éducative
en Milieu Ouvert. 159

16 - PROCEDURE D'APPLICATION DU PROJET INDIVIDUALISE : DE L'ADMISSION AU DEPART 165
A l'admission 165
Pendant le placement 167
Le départ.. 169

17 - PROJETS INDIVIDUALISES ET PROJETS COLLECTIFS 171

18 - RESPECT DE LA CONFIDENTIALITE 175

19 - ROLE DE L'EDUCATEUR 179
Le projet individualise au quotidien.................................... 181
Le partage du quotidien favorise une meilleure relation .. 182
Le respect mutuel 184
Le respect de l'intimité 184
Respect de la différence.. 185
La parole 185
Le rapport aux règles 186
Les écrits 188
Écouter et observer.. 188
La gestion des émotions 189
Sécurité et convivialité 192
Valoriser 193
La confiance 193

20 - PRESENTATION D'UNE METHODOLOGIE...................... 197

CONCLUSION 201

BIBLIOGRAPHIE 207

INTRODUCTION

Imaginons une secrétaire qui tape à la machine depuis des années. Son patron vient la voir et lui fait valoir l'intérêt d'utiliser un traitement de texte. « Vous taperez plus vite ; vous pourrez rectifier vos erreurs plus facilement et instantanément ; un correcteur d'orthographe vous aidera à corriger vos fautes. Lorsque vous devrez modifier un texte, vous ne serez pas obligée de tout recopier, il suffit de rectifier la partie concernée. Vous pourrez réaliser des tableaux très rapidement et changer des mots, des phrases ou des paragraphes de place. Il vous sera possible de choisir parmi une infinité de caractères, etc.

Après lui avoir dit ça, supposons que le patron installe sa secrétaire devant un ordinateur dernier modèle équipé de word 97. Que se passe t il ? C'est La même chose qui se produit avec des éducateurs à qui on fait valoir l'intérêt de pratiquer les projets individualisés, à qui on demande de les appliquer, mais à qui on n'a jamais expliqué les procédures.

L'idée de rédiger ce document m'est venue en constatant les difficultés qu'avaient les éducateurs à mettre en place un outil de travail pour la mise en œuvre des projets individualisés. Cette démarche est pourtant souhaitée par les pouvoirs publics, que ce soit l'état en promulguant l'annexe XXIV ou les départements à travers les schémas. Seulement, comme le patron de cette secrétaire, beaucoup de gens nous expriment ce qu'il faut faire, mais bien peu sont capables de nous dire comment. Et comme chacun sait, les éducateurs sont le plus souvent à l'aise sur le plan relationnel, mais il leur est beaucoup plus difficile d'appréhender la technicité. Il est possible de remédier à cette lacune en leur apportant des éléments concrets qui ne leur diront pas ce qu'il faut faire, mais comment le faire.

Comment pratiquer des projets individualisés pour aider des personnes en difficulté ? L'objectif de cet ouvrage est d'apporter des réponses claires et précises à cette question.

Sans prétendre à l'universalité, la méthode que je propose ici a pour but d'apporter un outil opérationnel dans la pratique des projets individualisés. Elle se veut abordable et j'ai tenté d'éviter que ce soit trop complexe. Il fallait que les procédures soient légères et non contraignantes. Chaque éducateur peut se l'approprier à son rythme. Tout comme il est possible d'utiliser un traitement de texte sans savoir faire des tableaux ou des graphiques, il vous est possible de l'utiliser partiellement. Au fur et à mesure que se développe la maîtrise de l'outil vous pourrez envisager de vous perfectionner en utilisant des éléments complémentaires.

Lors de son intervention au Touquet, à la journée départementale organisée le 16 novembre 1990 par le GESAD 62,[1] Michel LEMAY concluait en regrettant que la profession éducative ne sache pas faire part de ses réalisations et de ses expérimentations. Sensible à cette remarque, et constatant qu'il n'y avait pas de livres qui traitaient de ce sujet sous cet angle, je rédigeais il y a quelques années un premier ouvrage avec l'aide du CREAI de Lille. Je me suis décidé à diffuser cet écrit de manière à

---

[1] GESAD 62 : Groupement d'Etablissements du secteur associatif du Département 62. L GESAD 62 regroupe l'ensemble des maisons d'enfants et services de milieu ouvert privés du Pas de Calais.

ce qu'il puisse servir les collègues qui souhaitent faire évoluer leurs pratiques et se créer des outils de travail.

La pratique présentée ici en est une version complétée qui se fonde sur douze années d'expérience d'abord comme éducateur, et ensuite comme directeur dans une Maison d'enfants à caractère social (M.E.C.S.). Si les exemples présentés sont en majorité spécifiques à ce type d'établissement, la méthode proprement dite est applicable dans toutes les structures par des éducateurs capables de se l'approprier et de l'adapter. Il en est de même pour le vocabulaire où j'utilise fréquemment les termes "jeune" ou "adolescent". Ils peuvent être remplacés par "enfant", "client", "personne prise en charge", etc. Toutefois, j'ai eu le souci d'élargir cette présentation à tout le secteur de l'enfance inadaptée. Grâce à des collègues qui travaillent dans d'autres secteurs que l'aide sociale à l'enfance, vous trouverez des situations concernant d'autres difficultés.

Avant d'entrer dans le vif du sujet, je propose une définition personnelle des différents types de projets de manière à créer une cohérence avec le lecteur sur l'utilisation du vocabulaire. Nous aborderons ensuite le travail de base du projet individualisé qu'est l'observation avec une proposition d'utilisation de plusieurs modes d'approche comme moyen de diagnostiquer le problème à régler et comme support d'une action. Ensuite le projet se construira à partir d'une hypothèse de travail. Nous verrons comment des objectifs généraux indiquent une direction, tandis que les objectifs secondaires ou opérationnels fixent concrètement le but à atteindre. Nous aborderons la question des moyens de manière à éviter de les confondre avec les objectifs. Nous apprendrons à les sélectionner en fonction de leur opportunité et de leur accessibilité.

Après avoir abordé l'élaboration du projet, nous évoquerons la participation du sujet, celle de sa famille, le travail en équipe et les partenariats. Nous enchaînerons ensuite sur la troisième phase, l'évaluation. Un outil sera proposé pour permettre à l'éducateur de repérer ce qui a réussi, ce qui n'a pas fonctionné en lien avec la faisabilité des objectifs, l'opportunité des moyens, la motivation de la personne, le choix des échéances, etc.

De nombreux exemples illustreront les diverses idées présentées dans cet ouvrage. Plusieurs modèles de projets individualisés seront proposés dans des domaines différents.

Le plan présenté ci-dessous vous aidera à suivre la démarche. Vous pourrez vous y référer régulièrement pour évaluer votre pratique.

Plan d'un projet individualisé

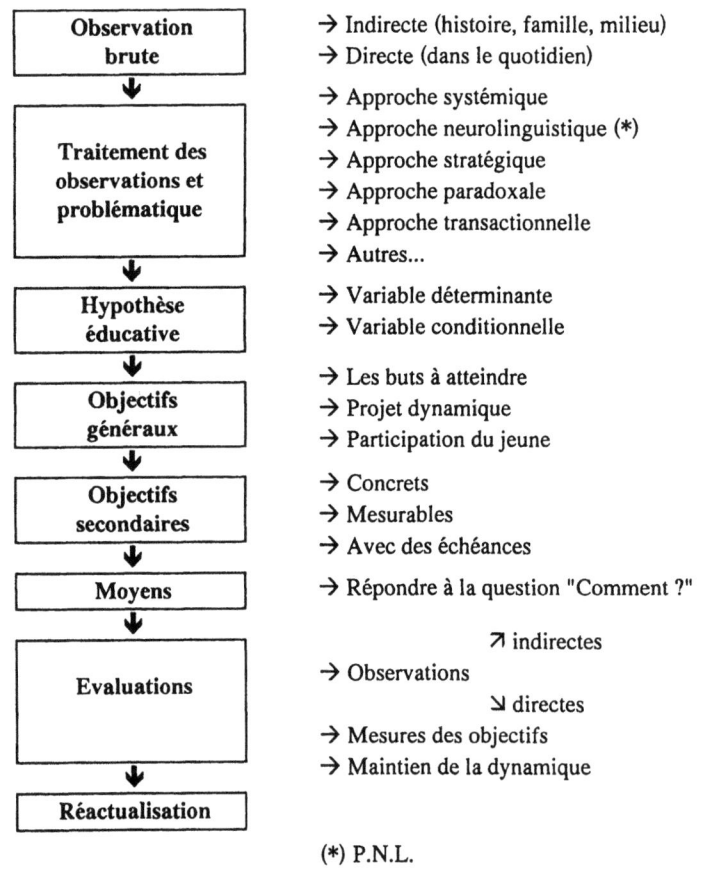

(*) P.N.L.

Nous terminerons cet ouvrage par quelques éléments annexes en lien direct avec la pratique des projets où il sera traité de l'influence de l'environnement du lien des projets individualisés avec les projets collectifs et les dynamiques de groupe, le respect de la confidentialité, la pratique du projet individualisé dans le quotidien et le rôle tenu par l'éducateur dans cette démarche.

La prétention de ce travail est de proposer un outil auquel l'éducateur peut se référer sans que cela soit systématique. Il doit se préserver la possibilité de l'adapter à sa pratique, de le modifier, de le faire progresser grâce à sa propre expérience et éventuellement de le perfectionner.

1 - LE PROJET

« Si l'éducateur cherche à modeler tous les enfants sur un même patron, à les pousser tous dans la même direction, il sera vite abusé : beaucoup feront seulement semblant de répondre à ses vœux, d'autres sensibles à la suggestion s'efforceront sincèrement de suivre ses préceptes ; mais cela ne durera qu'un temps ».

J. KORCZAK

Jean Pierre BOUTINET[2] situe l'apparition du terme de projet à une période relativement proche. Il n'existait ni chez les Romains, ni chez les Grecs. Au XVe siècle on parle de projet architectural.

La notion de projet dans le secteur social est toute récente. Elle apparaît au début des années 70 et visait à remédier à un manque d'unité entre les différents acteurs du secteur social. Le projet est officialisé par la circulaire du 31 décembre 1973. A partir de cette période, les établissements doivent présenter un projet pédagogique, éducatif et thérapeutique pour appuyer leur budget prévisionnel. C'est sur lui que se fonde le crédit d'une institution et c'est par lui que celle-ci tentera d'obtenir les faveurs des pouvoirs publics.

---

[2] Jean Pierre BOUTINET : Anthropologie du projet (PUF) 1996.

Depuis, cette situation a évolué et la notion de projet a pris une toute autre tournure. En tant qu'outil cohérent qui prévoit et organise à l'avance une action, il est considéré par les travailleurs sociaux comme un instrument opérationnel indispensable à leur action.

Jean Marie Barbier[3] fait référence à une étude effectuée par des étudiants du CNAM[4] dans laquelle il est constaté que l'implication dans un projet favorise de meilleurs itinéraires de vie tant professionnels, sociaux ou de formation.

Il mentionne également une étude de P. BERET qui démontre que les enfants issus de milieux défavorisés ont autant de chances de réussite scolaire que les autres dans la mesure où leur famille dispose d'un projet affirmé.

Il en conclut que le projet peut être un élément de lutte contre les inégalités sociales. L'engagement dans une démarche de projet aide l'acteur à se développer, à s'affirmer et à amplifier ses capacités d'action. Il ajoute plus loin que plus un individu semble disposer d'une image claire et positive de son profil ou de son identité sur le plan social, professionnel ou scolaire, plus il se révèle à même de définir des objectifs d'évolution personnelle dans le champ où s'est constituée cette identité. Lorsque au préalable il est possible de créer des situations d'expériences positives susceptibles d'induire une image identitaire positive, celle-ci sera elle-même génératrice d'objectifs.

Le projet est l'expression d'une volonté de croyances communes. Des priorités sont définies, des orientations sont prises de manière à expliciter clairement des objectifs. Le projet est vivant et évolue sans cesse tout en préservant des temps d'arrêt afin d'éviter le risque de déstructuration pour les institutions. C'est

---

[3] Jean Marie BARBIER : Elaboration de projets d'action et planification (PUF 1991) P122-123
[4] CNAM : Conservatoire National des Arts et Métiers.

pourquoi il se réalisera par étapes. Pour que cette dynamique produise un minimum de résultats, il implique un minimum de cohérence entre la finalité, les objectifs et les moyens mis en œuvre. Je suis tenté de reprendre à mon compte cette simple définition de Jean Pierre BOUTINET : « c'est faire advenir pour soi un futur désiré, souhaité ».

Les projets se situent aux différents niveaux de l'action sociale. Nous distinguons le projet social, le projet associatif, les projets d'établissements qui peuvent être éducatifs, pédagogiques ou thérapeutiques, les projets de groupe, les projets individuels ou individualisés, les projets à court, moyen ou long terme et j'y ajouterai personnellement les notions de projet dynamique et projet circulaire.

Afin de nous y retrouver dans ces nombreuses dénominations je propose ci-dessous une brève définition de chacune d'entre elles.

LE PROJET SOCIAL

Ce sont les orientations données par les financeurs qui sollicitent la collaboration des institutions. L'état a communiqué les siennes par le biais des annexes XXIV tandis que les établissements qui dépendent des départements détiennent les leurs des schémas départementaux.

LE PROJET ASSOCIATIF

En harmonie avec le projet social, l'association privilégie des valeurs et détermine les grandes lignes d'action qui seront mises en œuvre par les établissements.

LE PROJET INSTITUTIONNEL OU PROJET D'ÉTABLISSEMENT

Inspiré par les valeurs associatives il peut être éducatif, pédagogique ou thérapeutique. S'il est thérapeutique, il implique des soins. Il comporte une médicalisation. S'il est pédagogique, il est lié à un enseignement ou un apprentissage. S'il est éducatif, il implique une prise en charge globale de la personne qu'il vise à insérer aux niveaux physique, intellectuel et moral. Il définit les objectifs et les moyens qui seront mis en place pour atteindre les buts fixés par les projets sociaux et associatifs. C'est sur les principes définis dans le projet d'établissement que s'appuieront les autres projets de l'institution, et notamment le projet individualisé.

LE PROJET DE GROUPE

C'est le projet d'une unité de l'institution. Il est le complément du projet de l'établissement et il fixe de manière plus précise certaines actions de celui-ci.

LE PROJET COLLECTIF

Les objectifs, les moyens et les échéances sont les mêmes pour tous.

LE PROJET INDIVIDUEL

Les objectifs sont communs, mais les moyens et les échéances sont adaptés à chaque personne.

LE PROJET INDIVIDUALISÉ OU PERSONNALISÉ

Chaque sujet a ses propres objectifs et moyens. Le projet individualisé se doit d'être écrit et d'être évalué de manière continue. Il prend en compte les ressources, les critères, les besoins de la personne. Il comprend des objectifs généraux et des objectifs secondaires concrets. Il définit les moyens pour les atteindre, parmi lesquels les stratégies utilisées. Il précise la répartition des rôles des participants et les échéances. Il peut se travailler en dehors d'un cadre institutionnel. Chacun d'entre nous peut se faire le sien. Comme le souligne Boutinet[5], «il aide à une maîtrise rationnelle de notre existence. Il est la tentative de recherche d'un idéal impossible ».

Nous reviendrons en détail sur ces différents points. Notons toutefois qu'il y a peu d'écarts entre la pratique des projets d'établissement, de société, d'association, de groupe et les projets individualisés. Les éléments de base sont les mêmes. Nous pouvons même supposer qu'impliquant moins d'acteur, la pratique du projet individualisé est plus simple.

LE PROJET À COURT, MOYEN OU LONG TERME

Cette appellation n'est pas très juste, et correspond plutôt aux objectifs. A l'intérieur d'un même projet il peut y avoir divers objectifs avec des échéances variées. Certaines seront proches, d'autres seront plus éloignées. Certains objectifs à long terme ne pourront être atteints que lorsque plusieurs objectifs à court terme seront menés à bien.

---

[5] J.P. BOUTINET « Anthropologie du projet (PUF) 1996 P.56

LE PROJET CIRCULAIRE

Le projet circulaire comprend des objectifs qui sont mis en place lorsque apparaît un problème. Il ne correspond pas à un but particulier, ni a une finalité. Lorsque le problème semble résolu, l'objectif est atteint et le projet s'éteint. Un nouveau projet, avec un nouvel objectif apparaît lorsque surgit un nouveau problème.

Ex : Depuis quinze jours Daniel ne va pas à l'école. L'éducateur rencontre le garçon, parle avec lui de l'importance de la scolarité et cherche avec lui des moyens pour l'aider à aller en classe. Daniel retourne régulièrement à l'école, l'éducateur est content, huit jours plus tard Daniel est en fugue...

La pratique des projets circulaires risque de nous amener à travailler sur le symptôme et non sur la véritable problématique. Plus nous approchons de l'action concrète, plus le risque est grand. C'est pourquoi nous retrouvons plus fréquemment cette pratique au niveau des projets individualisés. Le projet circulaire n'a pas de continuité dans le temps. Il n'a pas de trame, ni de ligne conductrice. Un problème est saisi à un moment donné. On fixe des objectifs et des moyens. On va parfois jusqu'à évaluer. Lorsque de nouveaux objectifs sont fixés, ils sont sans rapport avec les précédents et correspondent à un nouveau problème repéré. Il n'est pas intégré à un ensemble. Il n'a pas de lien avec un projet institutionnel.

LE PROJET DYNAMIQUE

Un projet dynamique comprend des objectifs avec des échéances et des moyens. Il est régulièrement évalué. Il a une trame dans laquelle est définie la finalité. C'est l'hypothèse éducative. Il comprend des objectifs à long, moyen et court terme. Ils sont clairs et permettent d'établir une ligne de conduite. Il est écrit et comporte une continuité dans le temps. Les moyens d'atteindre les objectifs sont définis. Il aboutit sur une évaluation qui est personnalisée et adaptée. Une cohérence existe entre la finalité, les objectifs et les moyens mis en place. Au terme de chaque étape une analyse est effectuée, les écarts sont repérés et les objectifs réajustés. Il prend en compte le passé, le milieu de l'enfant et ses valeurs. Le projet dynamique est intégré à un ensemble. Il s'inscrit dans les projets institutionnels et est utilisé en concordance avec les projets de l'établissement et du service. Il prend en compte le passé et le milieu de l'enfant dont sont issues des valeurs. Elles ne sont pas forcément conformes aux nôtres, mais elles serviront de levier dans l'élaboration du projet de celui-ci. Dans un projet dynamique l'éducateur cherchera à donner le pouvoir à la personne suivie et de ce fait il lui transmettra les informations.

Questionnaire pour repérer si le projet mis en place est dynamique :

- A-t-il une trame ?
- L'hypothèse éducative est-elle clairement formulée ?
- Comprend-il des objectifs à court, moyen et long terme ?
- Les objectifs secondaires sont-ils concrets et mesurables ?
- Le projet est-il écrit ?
- Y a-t-il une continuité ?
- Les moyens sont-ils définis ?
- Y a-t-il une évaluation personnalisée et adaptée ?
- Y a-t-il une cohérence entre l'hypothèse éducative, les objectifs et les moyens ?
- Est-il en concordance avec le projet de l'établissement et le projet social ?
- Y a-t-il prise en compte du milieu, du passé et des valeurs de l'enfant ?

PROJET ÉDUCATIF OU PROJET PÉDAGOGIQUE ?

Il y a très souvent une confusion entre l'un et l'autre. Bien que ces deux concepts soient très proches, il m'importe de les distinguer.

Selon BOUTINET[6] l'éducation vise à la fois l'intégration et l'autonomie des jeunes populations d'une société. Une diversité de

---

[6] Anthropologie du projet p 200-201

voies permettent d'y parvenir en fonction des valeurs qui seront retenues par les éducateurs. L'une d'entre elles pourra être privilégiée en fonction de la conjoncture. L'autonomie sera prioritaire dans un système en expansion, tandis que l'intégration sera préférée dans un contexte social où il y a de nombreux laissés pour compte. L'éducation concerne l'ensemble de la société dont la famille est la tête de pont, alors que la scolarité qui inclut la pédagogie n'en est qu'une partie.

La pédagogie est basée sur la relation entre un maître qui détient le savoir et qui est chargé de l'inculquer à un élève. Dans cette relation, le rôle de la famille est réduit au profit des institutions scolaires. Il se limite en général à la participation à des conseils de classe ou des conseils d'administration d'établissements scolaire ou encore aux relations directes avec les enseignants. Le rôle des familles est strictement limité au niveau de la participation au projet pédagogique. On pourrait dire de même pour les projets éducatifs, mais ce n'est pas parce que les choses se passent ainsi en général qu'il faut les accepter. Nous soulignerons plus loin l'importance de la participation des familles au projet individualisé.

Le projet éducatif comprendra l'ensemble des objectifs liés à l'éducation : Autonomie, relations, scolarité, santé, comportements, etc., tandis que le projet pédagogique s'attachera particulièrement au contenu de l'enseignement. Le premier trouvera plus sa place dans des établissements éducatifs, maisons d'enfants, IME, établissements accueillant des déficients sensoriels, des handicapés physiques, etc. Le second se retrouvera plutôt dans les établissements scolaires. Certaines institutions comportant une école intégrée présenteront un projet éducatif et pédagogique.

Le but de ce document étant d'aider les éducateurs à mettre en pratique des projets individualisés, et non de présenter un ouvrage sur le concept de projet, je limiterai ce chapitre à ces quelques généralités. J'invite le lecteur qui souhaite approfondir ses connaissances sur ce point à s'orienter vers l'un des nombreux livres qui ont abordé cette question. Il me semble pourtant pertinent d'ajouter que notre démarche vise à ce que le projet éducatif ne soit pas un alibi à notre bonne conscience. Il ne sert pas à justifier ce qui existe, mais à promouvoir des valeurs explicitement définies. Il a pour rôle d'amener vers le futur et non défendre ce qui existe.

Je propose dès maintenant d'aborder le vif du sujet en commençant par la première étape de la mise en place d'un projet : l'observation.

2 - L'OBSERVATION

C'est par le biais de l'observation que nous cernerons la problématique de la personne que nous accompagnerons dans le suivi de son projet. Elle permettra également de connaître les intentions du jeune qui serviront de base à la discussion qui déterminera le choix des objectifs. Marcel Postic et Jean Marie de Ketele ont écrit un livre complet sur l'observation.[7] Ils insistent sur le fait qu'il n'y a pas une bonne façon d'observer, mais de multiples manières de le faire. Celle que je propose ci-dessous, est celle que j'ai personnellement utilisée et qui me convient très bien pour la pratique des projets individualisés. Ce qui importe et qui est valable pour tous les chapitres de ce livre, n'est pas d'appliquer strictement ce qui est proposé, mais de permettre à chaque lecteur de trouver sa méthode.

Il y a deux formes d'observations. L'observation indirecte et l'observation directe

L'OBSERVATION INDIRECTE

Elle concerne tous les éléments d'informations qui nous parviennent sur le jeune : rapport social, synthèses antérieures,

---

[7] Marcel Postic et Jean Marie de Ketele « Observer les situations éducatives » - PUF 1988.

avis du travailleur social, des membres de la famille ou de toute autre personne l'ayant connu, etc. Y figurent également les motifs du placement que nous nous efforcerons de ne pas perdre de vue au fur et à mesure de l'évolution du projet. Ces éléments figurent dans le dossier du jeune. L'éducateur peut s'en servir pour établir une fiche qui reconstituera son histoire et la composition de sa famille. L'élaboration du projet démarre à partir de la demande d'admission en fonction des données recueillies. C'est pourquoi il est judicieux d'obtenir un écrit à chaque demande.

Certains éducateurs éprouvent des scrupules à pratiquer des investigations dans le passé. Ils préfèrent découvrir l'enfant par l'intermédiaire de la relation et des contacts qu'ils auront avec lui. Ils craignent que les informations obtenues les amènent à porter un regard négatif ou avoir des préjugés, se privant ainsi de toute la richesse des observations antérieures. Ces craintes peuvent s'expliquer dans un système fondé sur le jugement des personnes, mais n'ont pas lieu d'être dans le cadre d'une relation d'aide. Elles se comprennent également pour des débutants, mais l'éducateur expérimenté sait dépasser cela.

TRAVAILLER L'HISTOIRE ET LE PASSÉ

Il s'agit ici de rechercher des informations qui permettront de mieux connaître et de mieux aider. Des éléments de l'histoire peuvent permettre de mieux comprendre des comportements actuels, de dégager une problématique avec plus de précisions et de mettre en place une action plus adéquate. Grâce à leur histoire nous découvrons qui sont les personnes. « *Ce que nous sommes est ce que nous avons été* ».[8]

L'observation d'un garçon inhibé, qui s'exprime peu, qui a de mauvais résultats en classe peut s'expliquer grâce à des investigations dans son vécu. Ses parents le surprotégeaient et ne

---

[8] Steven SPIELBERG et David FRANZONI « Amistad ».

lui ont jamais permis d'affirmer sa personnalité. Son père était quelqu'un de très fragile et effacé, ne représentant pas un modèle d'identification dynamique. La mère dévalorisait les propos de son fils lorsque celui-ci prenait la parole. Cela a engendré un sentiment de dévalorisation qui entraînait une panique à chaque fois que le garçon était en situation de prendre la parole. Il prit l'habitude de se taire plutôt que d'extérioriser ses sentiments.

Cet exemple montre bien l'importance de ces observations indirectes et le lien qu'elles peuvent avoir avec les observations directes. Réhabiliter la mémoire passée permet de conforter le présent afin de bâtir un futur plus solide. Il est parfois impossible pour certains de s'engager vers l'avenir aussi longtemps qu'il n'y a pas un travail sur le passé. Cela peut éventuellement expliquer certains comportements des Border Line. Le passé étant refoulé, ils se refusent à faire ce travail d'investigation. Exemple : *La peur de l'abandon crée des comportements inconscients qui provoquent le rejet.* Ces personnes, incapables d'apprendre les leçons du passé sont condamnées à répéter les mêmes erreurs. Lorsque le travail sur le passé est impossible ou inopportun et que les symptômes se révèlent particulièrement gênants, il peut être profitable de travailler en priorité sur ceux-ci. Le problème peut être entrepris au niveau du fond ou au niveau du symptôme ou encore de manière simultanée.

L'OBSERVATION DIRECTE

C'est tout ce qui peut être observé par les éducateurs durant le séjour ou la prise en charge. Ce sont des faits qui traduisent des actes, des attitudes, des expressions. Les différentes observations seront écrites au fur-et-à-mesure, sans attendre. Plus le délai est long entre le moment où s'est déroulé le fait et le moment où il est transcrit, plus il y a de risques d'être infidèle à la réalité. Il est judicieux de séparer la description du fait et l'analyse. Cette dernière peut être faite en plusieurs temps. Le fait brut sera noté le plus fidèlement possible, en fonction de ce que nous aurons vu, entendu, touché, senti et même pourquoi pas goûté. Toute interprétation sera évitée. La meilleure méthode pour contrôler si nous avons écrit réellement un fait brut, est de se demander en relisant si les termes employés correspondent à ce qui peut être perçu par l'un des cinq sens.

Si je dis "ce garçon me regarde d'un air agressif", est-ce que le mot agressif correspond à une perception de la vue, de l'ouïe, de l'odorat, du toucher ou du goût ? Je ne peux effectivement pas répondre positivement à cette question. Je dois donc préciser quels sont les éléments sensoriels qui remplaceront le mot agressif. "Il me regarde fixement, les poings serrés, les muscles du cou tendus".

Exemple de fait brut

18 h 30. J'accompagne Eric à la chorale. Il sourit. Pendant la séance son sourire s'interrompt brusquement et il fronce les sourcils, ce qui lui donne un air inquiet. Il regarde autour de lui et sourit à nouveau. Il se balance sans arrêt d'avant en arrière. Il pose ensuite sa jambe droite au-dessus de son genou gauche et des deux mains il ceinture les muscles des mollets en les secouant. Il lâche brusquement sa jambe et porte une main à la bouche. Il pousse des petits cris aigus. Les autres s'arrêtent de chanter. Eric ne change pas d'attitude et continue à faire du bruit avec sa bouche. Il se retourne, se baisse, regarde autour de lui sur le carrelage comme s'il cherchait un objet au sol. Je lui dis : "Eric, veux-tu cesser de faire du bruit, tu empêches les autres de chanter". Les petits cris s'arrêtent. il me regarde tout en restant penché en avant. Il me sourit à nouveau.

Il est bien évident que l'objectivité ne sera jamais absolue. Le simple fait de choisir de transcrire une observation plutôt qu'une autre, c'est déjà de la subjectivité, sans parler des éléments que nous sélectionnerons ou ignorerons plus ou moins consciemment.

L'analyse sera faite en fonction de trois aspects.

¬ Le comportement de l'enfant ou la personne suivie : nous essaierons de comprendre le fait en fonction des différentes informations que nous aurons sur lui. Les différents modes d'approche présentés dans la deuxième partie nous y aideront.

- Attitudes et comportement de l'éducateur : il importe de porter un regard sur notre action, d'évaluer ce que nous avons ressenti et de savoir pourquoi nous avons opté pour telle attitude plutôt qu'une autre. C'est à chaque éducateur de déterminer si cette démarche doit être personnelle ou peut-être partagée avec l'équipe.

- Le questionnement institutionnel : le fonctionnement institutionnel a un impact sur le comportement de l'adolescent. Il est intéressant de repérer sa part dans le fait qui a été noté.

Ces deux derniers aspects permettent souvent de repérer que le problème ne vient pas forcément du jeune, et cela ouvre des perspectives de réponses plus larges par rapport à un comportement donné.

Il est judicieux de repérer les similitudes ou les divergences entre les observations directes et indirectes avant de les exploiter.

Exercice d'entraînement a l'observation concrète

Stéphane se savonne les mains à outrance. Très vite le lavabo est inondé d'eau savonneuse. En voyant cela, je m'approche en lui demandant de cesser ce jeu. Stéphane me regarde bouche bée et reste immobile. Devant cette attitude je hausse le ton et finis par lui rincer les mains moi-même. Après avoir épongé l'eau, Stéphane est toujours au même endroit complètement inhibé. Le comportement de celui-ci m'amène à reprendre les événements plus calmement. Je lui explique que toute cette eau avait dépassé le stade du jeu. Cette tentative de dédramatisation n'affecte nullement l'état d'inhibition de Stéphane. Après lui avoir recommandé d'être plus prudent au jeu d'eau, je lui propose de rejoindre ses camarades. Stéphane s'éloigne et me regarde à plusieurs reprises avant de se mêler aux jeux des enfants.

❶ Stéphane a 6 ans   V   F   ?
❷ Il est dans la salle de bain   V   F   ?
❸ Il répand beaucoup à terre   V   F   ?
❹ L'éducatrice se précipite en colère   V   F   ?
❺ Stéphane refuse d'obéir   V   F   ?
❻ L'éducatrice ramasse l'eau avec une éponge   V   F   ?
❼ Stéphane reste sur place immobile   V   F   ?
❽ L'éducatrice s'arrête de nettoyer pour parler
à Stéphane   V   F   ?
❾ Elle lui dit de ne plus jouer avec l'eau   V   F   ?
❿ Stéphane rejoint ses camarades dans la cour   V   F   ?

Après avoir lu le fait brut ci-dessus, vous entourez le **V** devant chaque affirmation si vous pensez qu'elle est vraie ou le **F** si elle est fausse. Si vous ne savez répondre ni par vrai, ni par faux, entourez-le **?**. Vous pourrez vous reporter au fait brut autant que cela vous semble nécessaire.

Cet exercice vous aidera à repérer les défauts à éviter lors de la rédaction d'un fait.

Modèle de grille d'observation

Date :	Le fait :		
Jeune concerné :		Educateur :	
Le fait exposé concrètement	Remarques et analyses sur le comportement de la personne	Remarques et analyses sur l'attitude éducative	Remarques et analyse sur le fonctionnement de l'institution en lien avec le fait.

L'observation directe se fait par différentes personnes pour un même individu. Il s'agit en quelque sorte de constituer une «banque de données» des faits bruts. Il s'agira ensuite de gérer ces informations et de mettre en place des procédures pour déterminer de quelle manière elles seront communiquées et stockées.

MENER L'OBSERVATION DANS DE BONNES CONDITIONS.

Si l'observation n'est pas notée rapidement, il sera difficile d'avoir de la rigueur dans l'analyse et des limites trop restreintes s'imposeront à la méthode.

Exemple : Un éducateur signale que Gérard était impliqué dans une affaire de vol à l'école. Maryse, une collègue se souvient d'un fait similaire il y a quelques semaines, mais elle ne sait plus très bien dans quelles circonstances car elle ne l'a pas noté.

Il est important de repérer la fréquence des comportements. Le diagnostic ne sera pas le même pour un enfant qui a une crise de colère une fois par trimestre et celui à qui ça arrive toutes les semaines. Une observation rigoureuse donnera plus de chances de repérer dans quelles circonstances sont déclenchées ces colères. Nous pouvons avoir des a priori, des idées préconçues qui peuvent nous amener à interpréter trop rapidement et à nous limiter à une seule hypothèse dans l'explication. La sélection des faits peut être trop rigide, nous pouvons nous limiter uniquement aux observations qui donnent des éléments négatifs sur le comportement. Pour ne pas perdre certains aspects que nous offre l'observation, il importe de ne pas se limiter aux faits qui nous interpellent ni à noter ce qui est marquant. Une tendance à généraliser ou à faire preuve de trop de déterminisme risque de nous confiner dans des certitudes.

Exemple : Hugo qui se met souvent en colère, se fait remarquer par ses crises. Les observations notées chaque jour font allusion à ses comportements violents. Ce n'est que plusieurs mois après son arrivée qu'il est noté que Hugo est serviable et intentionné.

Le manque de discrétion, l'excès d'observations et une attitude de recul trop excessive feront ressentir à l'enfant qu'il est sans cesse observé et cela lui fera perdre son naturel. Il n'aura plus de jardin secret et cela peut expliquer des attitudes de rejet brutales du placement sans raisons particulières apparentes.

Un éducateur avait un carnet dans la poche, et le sortait sans arrêt pour prendre des notes. Une stagiaire enregistrait ses remarques sur un petit magnétophone portatif...

Une attitude intempestive d'un adulte peut provoquer une réaction chez un jeune, en particulier les adolescents. Nous ferons attention à ne pas apprécier ce type d'observations sans prendre en compte tous les éléments.

Exemple : *Dany en colère a donné un coup de pied dans une porte et l'a défoncée parce que son éducateur ne voulait pas lui donner de l'argent pour le bus. Il n'était pas précisé dans cette observation que le garçon avait déjà fait cette demande plusieurs fois la veille et le matin, et que l'éducateur lui a répondu "tu fais chier, t'avais qu'à le demander avant".*

3 - DES MODES D'APPROCHE POUR ANALYSER LES OBSERVATIONS

L'observation constitue la source d'informations qui permettra d'établir les bases d'un projet individualisé cohérent. Encore faut-il que l'ensemble de ces observations soit exploitable.

Nous avons vu comment l'éducateur peut collecter les données, par une fiche récapitulative des observations indirectes, et par une transcription des faits bruts, avec plusieurs niveaux d'analyse.

Nous allons maintenant interpréter l'ensemble des données recueillies de manière à accéder à une meilleure connaissance du jeune que nous devons aider et lui permettre de s'orienter vers un changement. Les éducateurs sont habituellement compétents sur le plan relationnel, et ils le sont moins sur le plan technique. On peut y remédier en apportant une plus grande technicité. Il existe de nombreux modes d'approche qui peuvent être utilisés dans ce but. J'en ai sélectionné six qui sont pragmatiques, qui collent à la réalité et qui permettent le changement. Il sera plus aisé de les adapter à l'action éducative. Ce sont plusieurs théories qui permettront d'effectuer une analyse des observations accumulées et éventuellement, aideront à la mise en place des moyens d'action. Ces présentations brèves ne sont pas exhaustives. Le lecteur pourra choisir de s'appuyer sur l'une ou plusieurs d'entre elles ou d'en choisir une autre telle que la psychanalyse s'il en a la maîtrise. La diversité des possibilités d'analyse dans une même équipe ou par une même personne permet de varier les angles de vue et d'aborder les problèmes sous différents aspects.

A propos de la psychanalyse, comme l'affirme Jean Pierre BOUTINET, «la manière dont est pratiquée celle-ci le plus souvent ne nous renvoie pas à une personne prospective cherchant à anticiper et à décider, mais plutôt à une personne malade de son expérience antérieure... ». Nous pouvons nous poser la question de l'intérêt qu'elle représente pour une pratique de projets telle que nous le proposons. Toujours selon BOUTINET[9], la psychanalyse pourrait s'ouvrir aux conduites d'anticipation et de projet, si elle était pratiquée différemment. Cette thèse est récusée par Patrick MARTIN[10] qui affirme que non seulement la psychanalyse ne privilégie pas le passé par rapport à l'avenir, mais «elle se présente comme la mise au jour et l'utilisation d'un matériel hors du temps, injecté dans la réalité temporelle du monde dans lequel nous vivons. Ce travail permet ainsi de façonner de nouvelles perspectives, passées et à venir dans lesquelles la notion de projet occupe une place centrale. Je pense pour ma part que la psychanalyse est un outil difficilement accessible pour les non initiés et en tant qu'éducateur, je ne me sens pas capable de me l'approprier pour le mettre au service du projet individualisé.

Je suis volontairement resté succinct dans la présentation de ces modes d'approche. Il existe suffisamment de livres dans lesquels ils sont bien mieux développés que je ne saurais le faire. Les références de certains de ces ouvrages sont indiquées dans la

---

[9] Jean Pierre BOUTINET « Les conduites à projet avatars d'une préoccupation »
Le projet : Un défi nécessaire face à une société sans projet (L'Harmattan – 1992)
[10] Patrick MARTIN « Eléments pour une problématique d'une conception psychanalytique du projet »
Le projet : Un défi nécessaire face à une société sans projet (L'Harmattan – 1992)

bibliographie. A chacun d'approfondir ses connaissances en fonction de ses prédispositions.

Je propose une liste de question à chaque mode d'approche. Celles-ci seront reprises dans une grille récapitulative en fin de chapitre. Elle peut être adaptée en fonction de l'utilité que chacun trouvera bon d'y trouver.

L'APPROCHE SYSTÉMIQUE

La nature de l'être humain veut qu'il vive en société, qu'il fasse partie d'un système. En fait nous faisons tous partie de plusieurs systèmes : famille, école, quartier, travail, loisirs, etc. Dans chacun d'entre eux nous avons un rôle, nous jouons un rôle. Des alliances, des oppositions, des coalitions vont se créer.

Voici une série de questions auxquelles nous pouvons essayer de répondre.

➤ Sur quelles règles a fonctionné l'individu jusqu'à maintenant ?
➤ Qu'ont-elles induit sur son comportement actuel ?
➤ Quel rôle a-t-il joué jusque maintenant dans les différents systèmes (famille, école, etc.) ?
➤ Est-il patient désigné ?
➤ Quelles alliances établit-il ?
➤ A quel jeu joue-t-il ?
➤ Quels sont les symptômes ?
➤ De quoi se protègent-ils ?
➤ Quels sont leurs fonctions ?
➤ Vers quel changement faut-il s'orienter ?
➤ Dans quelles limites sans menacer l'équilibre ?
➤ Quel équilibre faut-il rétablir ?
➤ Par quoi remplacer les symptômes ?
➤ Quels sont les obstacles à surmonter ?
➤ Comment fonctionne le système familial ?
➤ Comment fonctionne notre système ?

➢ Comment concilier les deux ?
➢ Quel rôle jouerons-nous ?
➢ En quoi le placement dans notre établissement est-il différent ?

Il est opportun de se poser ces questions dès la visite de pré-admission grâce aux observations indirectes, car il sera trop tard pour répondre aux deux dernières questions lorsque le placement sera effectué.

Les théories qui suivront découlent toutes de l'approche systémique. Il peut être intéressant d'en posséder quelques notions élémentaires.

LA PROGRAMMATION NEUROLINGUISTIQUE (P.N.L.)

La PNL n'est pas une technique particulière qui aurait été inventée par un génie. Elle part de l'idée que certaines personnes réussissent brillamment là où d'autres échouent. Il reste donc à repérer comment font ce qui réussissent pour permettre aux autres d'en faire autant. A partir de là nous pouvons dire que nous faisons tous de la PNL sans le savoir. Voici un simple exemple pour vous en rendre compte. Lors d'une réunion, à un moment donné, observez l'ensemble des participants. Vous constaterez que presque la totalité d'entre eux ont opté pour une position identique du corps. D'une manière spontanée, les gens se sont synchronisés pour participer à la même activité.

Inventée il y a une vingtaine d'année par un informaticien RICHARD BANDLER et un linguiste JOHN GRINDER la méthode est née d'une question sur les capacités à se comporter des meilleurs spécialistes en communication : les meilleurs vendeurs, avocats, orateurs, managers, psychiatres, etc. BANDLER et GRINDER, remarquaient que tout spécialiste possédant un savoir, n'obtenait pas les mêmes compétences de la part de ses élèves à qui il le transmettait. Ils en ont retenu l'hypothèse que le problème se situait plus au niveau de la forme que du contenu.

A l'aide d'une caméra ils partirent observer des experts dans différents domaines, et au lieu de s'attacher aux explications que leur donnaient ces personnes, ils se fixèrent sur leur manière d'agir. Cela leur a permis de décoder des processus qui pouvaient être utilisés par d'autres qui souhaitaient atteindre les mêmes objectifs.

La PNL se rapporte à trois aspects de notre fonctionnement :

La programmation : Depuis notre naissance et même avant, notre cerveau s'est progressivement programmé en fonction des diverses expériences qu'il a connues Cette programmation détermine nos comportements et nos stratégies.
Ex : le bébé qui a faim pleure. On lui met un biberon dans la bouche. Il apprendra très vite qu'il lui suffit de pleurer pour obtenir le biberon.

La neurologie : Nous percevons notre environnement par la vue, l'ouïe, l'odeur, le goût et le toucher. Nous privilégions chacun un de ces moyens de perception.
Ex : Au moment où elle utilisera son registre visuel une personne emploiera un langage imagé, tandis qu'en auditif elle emploiera des mots tels que : « sonore, entendre, écouter... ». Dans le premier cas elle accordera beaucoup d'importance aux images, aux formes et aux couleurs, alors que dans le second elle préférera écouter de la musique.

Le langage : C'est notre manière de communiquer et de stimuler notre système nerveux. Nous l'utilisons pour établir les liens avec l'extérieur.

L'ensemble de la pratique PNL s'appuie sur le COMMENT de la réussite. Un certain nombre de présupposés permettent d'établir les bases de cette approche :

- La carte du monde est la représentation que nous en avons. Plus celle-ci est riche, plus nous avons de possibilités.
- Nous évoluons dans un système d'interactions. Le sens de la communication est dans la réponse que l'on reçoit. En communication il n'y a pas d'erreurs, mais des feed-back.
- S'adapter et survivre demande de la flexibilité.
- Nous sommes tous différents, mais nous avons tous des ressources et des capacités à développer.
- Nous avons les mêmes structures mentales sur lesquelles nous pouvons nous appuyer pour aller vers le changement.
- Nous pouvons nous servir de la modélisation pour changer et progresser.
- Nous pouvons utiliser les programmes des autres pour dépasser nos limites.
- Chacun possède dans son histoire passée ou future, les ressources pour réaliser ses objectifs.
- Notre inconscient procède d'une intention positive en générant chaque comportement.
- Le pouvoir est un droit de naissance.

L'APPROCHE STRATÉGIQUE

L'analyse stratégique est complémentaire de l'approche systémique. Elle se base sur les jeux qui se forment au sein d'un système d'action amenant la coopération des différents acteurs et qui conditionnent leurs stratégies. Ceux-ci sont soumis à diverses contraintes qu'ils essaient de contourner afin d'élargir leur marge de liberté. Pour ce faire, ils développent des stratégies qui les entraînent dans des affrontements de pouvoir où chacun essaiera d'obtenir la collaboration de l'autre pour atteindre ses objectifs. Mais comme il est impossible de prévoir les réactions de l'autre, il y a toujours une zone d'incertitude dont chaque acteur est détenteur et qui constitue son pouvoir et la faiblesse de l'autre.[11]

L'analyse stratégique peut être un moyen de comprendre et d'agir sur les problèmes que posent certaines attitudes de la part des enfants ou des adolescents en difficulté.[12] L'éducateur et l'éduqué sont eux aussi acteurs dans l'établissement ou le groupe. Si l'organisation limite leur marge de manœuvre ils ne sont pas totalement dépourvus et détiennent un minimum d'indépendance qui représente une zone d'incertitude pour leurs différents partenaires. Ils jouent un rôle à travers la liberté que leur laisse l'organisation formelle de l'établissement. Même dans les relations de pouvoir les plus absolues ou dans les régimes les plus totalitaires, chaque acteur en détient un minimum. Mais, si sa liberté n'est jamais totalement nulle, elle n'est jamais non plus très vaste. Des contingences extérieures s'imposeront à l'acteur sous la forme de contraintes qu'il tentera de détourner. Les démarches et les attitudes entreprises par l'ensemble des acteurs pour préserver ou augmenter leur liberté constituent les jeux sur lesquels s'établiront les diverses relations dans l'organisation. Comme l'organisation a une influence sur leurs comportements, ils seront amenés à louvoyer. C'est ce qui explique en partie l'aspect complexe de cette analyse. La limite de cette liberté et de l'information dont ils disposeront ne permettront pas aux acteurs d'opérer vers une solution optimale. Leur rationalité est limitée. Ils décident séquentiellement en optant non pour la solution la plus satisfaisante, mais pour celle qui correspond à un seuil de satisfaction minimale. Les acteurs ont des comportements imprévisibles qu'ils adaptent plus ou moins consciemment en fonction des événements et de l'évaluation qu'ils feront de ceux-ci. Cependant ces comportements sont actifs et résultent de la détermination des acteurs qui ont décidé d'opter pour une attitude,

---

[11] Michel CROZIER expose en détail ce concept dans le livre qu'il a écrit avec Erhard FRIEDBERG, "L'acteur et le système" aux éditions du Seuil.
[12] Cette hypothèse a servi de base à la recherche effectuée dans mon mémoire D.S.T.S. "La spirale irréversible" (1989)

plutôt qu'une autre. Ils trouvent leur sens par la saisie des opportunités qui se présentent et en fonction du comportement des autres acteurs. Ils s'orientent soit vers l'objectif d'élargir leur marge de liberté, soit vers celui de la défendre.

En fonction des ressources qu'ils détiennent et de la pertinence de celles-ci dans le système, les acteurs développeront des stratégies qui tendront à détourner les contraintes auxquelles ils sont soumis. La relation entre l'utilisation de leurs ressources et les contraintes qui leurs sont imposées constituera la zone d'incertitude des acteurs, représentant ainsi l'étendue de leur pouvoir. Le pouvoir d'un individu est l'influence qu'il a sur les autres. Ce sont ses capacités de faire agir ses partenaires en faveur des objectifs qu'il s'est fixé. Ce pouvoir sera renforcé ou non, en fonction des atouts qui lui seront donnés par l'organisation et en fonction de l'influence qu'auront les ressources de l'acteur sur les objectifs de celle-ci. Plus la zone d'incertitude est ample, plus le pouvoir de l'acteur est important. Chacun s'efforcera d'orienter le jeu de manière à s'assurer des positions favorables en enfermant le partenaire dans des contraintes qui permettront d'anticiper son comportement.

- ➢ Quelles sont les attitudes adoptées par l'acteur qui ressortent le plus des observations ?
- ➢ Inventaire des ressources du jeune.
- ➢ Quelles sont celles qui sont utilisées ou pas ?
- ➢ A quelles contraintes est-il soumis ?
- ➢ Comment les négocie-t-il ?
- ➢ Quelles sont les stratégies que vous avez repérées ?
- ➢ Dans quel jeu s'inscrit-il ?
- ➢ Quels sont ses objectifs ?
- ➢ Quelle est sa marge de liberté ?
- ➢ En est-il satisfait ?
- ➢ Comment évoluer d'un jeu à somme nulle vers un jeu ouvert ?
- ➢ Comment concilier les objectifs ?

CROZIER considère que dans leurs relations les acteurs récupèrent du pouvoir par le biais de leurs stratégies au détriment des autres acteurs. Tout ce qui est gagné par l'un est perdu par les autres. C'est ce qu'il appelle les « jeux à sommes nulles ». Ce « cercle vicieux » veut-il dire que dans la relation éducateur/éduqué, ce que l'un gagne, l'autre le perd ? En fait, la complexité de cette démarche ne permet pas d'envisager les choses aussi simplement. Selon Eric BERNE les joueurs peuvent chacun retirer un profit maximum. C'est le cas des relations amicales fondées sur le fait que les joueurs se complètent l'un l'autre avec une grande économie, une grande satisfaction et un minimum d'efforts fournis dans les jeux qu'ils jouent ensemble.[13] Nous percevons ici qu'au delà de l'analyse, ce mode d'approche comporte un intérêt au niveau de l'action. Michel CROZIER réussit à découvrir et comprendre les stratégies des acteurs en repérant leurs objectifs, leurs alliances, leurs critères de satisfaction, leurs pouvoirs, etc. Dans l'action éducative, je propose d'utiliser sa théorie pour permettre aux personnes que nous sommes chargés d'accompagner, d'apprendre à faire le choix d'un nombre de stratégies plus large. Beaucoup de jeunes en difficulté ou des handicapés utilisent un nombre limité de stratégies, reproduisant les mêmes actions qui aboutissent toujours aux mêmes résultats. Apprendre à choisir une stratégie, à peser le pour et le contre afin d'évaluer qu'elle sera la plus payante, c'est une démarche éducative que je propose de développer dans la mise en place des objectifs.

L'APPROCHE PARADOXALE

Les idées essentielles de cette approche se basent sur le fait que des actes irrationnels peuvent apporter la solution, tandis que la logique peut faire persister le problème. Le passé peut expliquer le symptôme, mais il n'apporte rien à la solution. Des interventions inappropriées peuvent compliquer le problème en le rendant

---

[13] Eric BERNE « Des jeux et des hommes » (Stock 1976) P.37

encore plus insoluble. Il importe donc de recadrer la situation en vue d'apporter un changement. Le cadrage ne réussira que s'il tient compte du cadre conceptuel de ceux dont on doit modifier les problèmes. Pour recadrer il faut une modification du sens accordé à la situation par ses éléments concrets.

Exemple : Isabelle se plaint sans arrêt d'être malade. L'éducateur essaie vainement de lui expliquer qu'elle se porte bien. Plus il essaie, plus elle trouve d'arguments pour dire qu'elle ne va pas bien. C'est toujours plus de la même chose. Un autre éducateur la plaint, lui demande si elle veut être hospitalisée, lui dit qu'il est content de ne pas être dans son état. Une nouvelle relation s'instaure et crée une confusion chez Isabelle, la préparant à un recadrage.

Le recadrage peut aussi s'effectuer à l'encontre des objectifs : "un éducateur souhaitait rénover un grenier pour y faire un atelier de peinture. Il avait réussi à motiver les adolescents pour réaliser les travaux dans ce grenier. Par la suite lorsqu'un garçon faisait une bêtise, la sanction était de le faire travailler obligatoirement au grenier. C'était devenu la salle de punition. Les jeunes se sont démotivés et le grenier n'a jamais été terminé".

➢ En termes concrets : Quel est le problème ?
➢ Quelles sont les solutions déjà essayées ?
➢ Que se passe-t-il actuellement qui fait persister le problème ?
➢ Que peut-on faire pour provoquer un changement ?
➢ A quel changement peut-on aboutir ?

Les réponses à ces questions devraient permettre d'élaborer l'hypothèse éducative du projet. L'angle est cependant différent. Au lieu de chercher à savoir pourquoi l'enfant en est venu à fonctionner ainsi, nous chercherons à repérer comment il fonctionne et ce que le système a tenté jusque là. Là aussi, la motivation du sujet est indispensable, et l'éducateur devra tenir un langage clair qui donnera envie aux jeunes de s'inscrire dans le cadre d'un projet négocié avec lui.[14]

Certains situent WATZLAWICK dans le courant systémique. Cependant il m'a semblé, vu l'originalité de sa démarche, qu'il était intéressant de le distinguer particulièrement. La "grammaire" qu'il propose est très simple, mais néanmoins, elle est très délicate à mettre en application. Son intérêt est de nous amener à prendre du recul par rapport à notre action pouvant ainsi nous amener à trouver de nouvelles solutions à des problèmes insolubles.

L'APPROCHE TRANSACTIONNELLE

Dans les années 50, Eric BERNE observa que l'un de ses patients avait à certains moments des comportements différents qu'il fit correspondre à trois catégories : Les états du MOI : l'enfant, le parent et l'adulte. L'enfant est ce que nous étions étant petit. Le parent, est ce qu'étaient nos parents ou les personnes qui nous ont élevés. L'adulte, c'est la partie qui décide en fonction de l'analyse des faits. Lors des échanges entre personnes, les interlocuteurs peuvent changer à plusieurs reprises d'état. L'un des buts de l'analyse transactionnelle est d'harmoniser le fonctionnement de ces états qui sont souvent en contradiction. Il en découle différents types de transactions : parallèles, croisées, à double fond.

Nous avons tous besoin de caresses (physiques ou verbales). Elles peuvent être conditionnelles si elles sont données pour ce que l'on fait ou inconditionnelles pour ce que l'on est.

Ex. : Je t'aime quand tu fais tes devoirs.

---

[14] Paul WATZLAWICK "Changements, paradoxes et psychothérapie" en collaboration avec J. WEAKLAND et R. FISCH (Points) et "Le langage du changement, éléments de communication thérapeutique" (Points).

Ou Je t'aime parce que tu es mon fils.

Elles peuvent être positives ou négatives (compliments ou réprimandes). Elles dépendent de la façon dont chacun se perçoit par rapport aux autres.

"Je suis bien, tu es bien" : révélateur d'aucun problème.

"Je suis bien, tu n'es pas bien" : méfiance vis-à-vis des autres. Elle mène de l'ignorance au meurtre.

"Je ne suis pas bien, vous êtes bien" : Mépris de soi même, dévalorisation, déprime. Les extrêmes se situent du retrait au suicide, en passant par la fuite.

"Je ne suis pas bien, vous n'êtes pas bien" : manque de confiance en soi et aux autres. C'est celui qui sent qu'il ne peut réussir.

Certaines personnes accumulent les bons ou les mauvais points. Ce sont les bons ou les mauvais sentiments que nous recevons lors de nos relations avec autrui. Celui qui pense "je suis bien, tu es bien" n'a pas besoin d'effectuer ces collections qui sont révélatrices de problèmes. Les sensations, le vécu de notre enfance ont contribué à mettre en place un scénario de vie duquel découlent nos attitudes. C'est lui qui établit nos transactions, nos positions de base, nos collections de mauvais ou bons points, nos sentiments parasites, la façon dont nous structurons notre temps et les jeux que nous jouons.

➢ La façon de communiquer est-elle croisée (échange effectué dans des états différents) ?

➢ Quel type de caresses a-t-il reçu ?

➢ Quel type de caresses donne-t-il ?

➤ Est-il collectionneur de points ? (Boude facilement, reporte à plus tard et se sent coupable, fait des choses qu'il sait être néfastes et en a mauvaise conscience).

L'APPROCHE COMPORTEMENTALISTE.

Vers le début des années cinquante des chercheurs (Fuller, Ellis, Baer, Peterson, Sherman) partant de travaux sur les animaux tentent des applications sur les êtres humains. Ils démontrent les possibilités de faire évoluer des handicapés considérés comme incurables. En France, l'intérêt pour l'éducation comportementale est très récent et encore très peu répandu. Cette approche ne cherche pas à identifier le problème de fond, ni la catégorie symptomatique à laquelle appartient le sujet, mais à agir sur un comportement donné. Les interventions s'appuient sur des observations minutieuses et attentives du sujet et de son comportement en interaction directe avec son environnement. Elles aboutissent sur des hypothèses. Les observations sont vérifiées rigoureusement. Les procédures et les conditions d'applications sont précises et claires. L'évaluation est rigoureuse dans les comparaisons entre ce qui est observé avant et après. L'analyse est fonctionnelle et vise à identifier les antécédents et les conséquences qui empêchent les manifestations des comportements souhaités. Elle favorise les apprentissages de nouveaux comportements plutôt que la suppression, permettant ainsi au sujet d'élargir son panel de réactions. Elle favorise le choix de procédures les plus contraignantes et les plus artificielles possible de façon à faciliter le développement des nouveaux comportements en situations naturelles.

L'éducateur est considéré comme un clinicien qui base son travail sur du concret. Il vérifie entre autres si le sujet est satisfait de ses progrès et si son environnement l'est aussi. Il est attentif (comme dans toute prise en charge éducative d'ailleurs) à respecter des règles éthiques, notamment dans le choix des objectifs et des méthodes d'intervention. Dans une première phase, il s'agit de définir les priorités éducatives et de les traduire en objectifs. Pour cela, il utilise des techniques d'observation visant à rassembler les informations nécessaires à une analyse fonctionnelle qui permettra d'identifier :

- Les événements de l'environnement.
- Les "stimulis" antécédents.
- Les "stimulis" conséquents.

Exemple : Un élève voit son cahier de devoirs. Il s'efforce d'écrire sans ratures sur ce cahier, dans l'espoir d'avoir une bonne note et des félicitations de son instituteur.

Le fait de voir le cahier de devoir est un "stimulis" antécédent.
L'espoir d'avoir une bonne note et des félicitations est un "stimulis" conséquent
Le comportement choisi par l'élève de faire son devoir et de s'appliquer à éviter les ratures sera nommé un comportement opérant.

C'est à partir de ces observations qu'il mettra en œuvre des processus de changements souhaités par le sujet, permettant à celui-ci d'atteindre les objectifs qu'il s'est fixés. Dans une deuxième phase il mettra en place un programme d'intervention qui se divise en quatre types de procédures.

1) Augmenter la probabilité d'apparition d'un comportement désiré existant déjà dans le répertoire du sujet.

Lorsqu'un comportement est acquit, mais trop peu fréquent, il y a deux possibilités d'interventions.

a) La présentation d'un renforçateur positif.

Le renforçateur est un *stimulus dont la présentation après l'émission du comportement entraîne une augmentation de la probabilité ultérieure d'apparition de ce comportement.*[15]

Dans une prise en charge individualisée, il importe d'adapter les renforçateurs à chaque personne et de s'assurer de leur pertinence. Nous veillerons également à ce qu'il n'y ait pas de renforçateurs en concurrence avec le nôtre qui pourraient favoriser des comportements parasites aux objectifs que nous souhaitons atteindre.

Exemple : Pour obtenir d'un adolescent qu'il aille à l'école nous optons pour un renforçateur social : les félicitations. S'il n'y va pas il obtient les louanges et la reconnaissance de la bande à laquelle il appartient.

b) Utiliser des stimulus "aversifs" jusqu'à ce que le comportement soit émis.

Le sujet optera pour le comportement souhaité afin d'éviter ou fuir une situation désagréable. Exemple : Une adolescente ne pourra pas gérer son allocation habillement aussi longtemps qu'elle ne prend pas soin de ses vêtements.

2) Apprentissage d'un nouveau comportement.

Utilisation du façonnement : C'est un apprentissage par assimilation progressive des différentes phases d'un comportement à acquérir.

3) Diminuer la probabilité d'apparition d'un comportement non souhaitable.

---

[15] Définition de Ghislain Magerotte - Manuel d'éducation comportementale clinique. Editions Mardaga.

- Ne pas prêter attention au comportement que l'on veut voir disparaître. C'est une procédure d'extinction.
- Renforcer les comportements incompatibles avec celui que l'on souhaite voir disparaître.
- Retirer les renforçateurs positifs qui favorisent le comportement non désirés
- Applications de stimulus "aversifs". L'utilisation des stimulus "aversifs" ne sont pas très recommandés ne serait ce tout simplement que d'un point de vue éthique et la difficulté qu'il y a ensuite à utiliser des renforçateurs positifs. Ils sont à utiliser qu'en cas d'absolue nécessité lorsque tous les autres moyens ont été utilisés sans effets. Ils impliquent une concertation avec les responsables de l'enfant et une mise en place d'un système de contrôle très stricte.

4) Etablir, augmenter ou diminuer le lien entre un comportement et des "stimulis" antécédents.

Les trois premières catégories de procédures font surtout apparaître des "stimulis" conséquents, tandis que le quatrième porte davantage sur des "stimulis" antécédents.

Je retiens trois avantages à utiliser ce mode d'approche :

- Il propose une démarche d'action très précise.
- L'outil est facilement accessible aux éducateurs par le biais d'une formation.
- Il prend en compte le milieu naturel et l'implique dans le changement.

Ces six modèles ne sont pas exhaustifs, mais ils constituent déjà un éventail assez large pour établir un diagnostic à partir des observations recueillies. Certains modes d'approche privilégieront la recherche de l'origine du problème, tandis que d'autres s'efforceront de comprendre comment fonctionne la personne et ce que ça implique pour elle. Peu importe, ce qui compte est d'inventorier ce qui a déjà été fait et éviter de reproduire ce qui a été inefficace. La consultation par le biais des observations étant faite, le diagnostic étant établi grâce à un ou plusieurs modes d'approche que vous aurez sélectionnés, il ne reste plus qu'à passer au traitement.

GRILLE D'ANALYSE DES OBSERVATIONS

Questions	Réponses
Sur quelles règles a fonctionné l'individu jusqu'à maintenant ?	
Qu'ont-elles induit sur son comportement actuel ?	
Quel rôle a-t-il joué jusque maintenant dans les différents systèmes (famille, école, etc.) ?	
Est-il patient désigné ?	
Quelles alliances établit-il ?	
A quel jeu joue-t-il ?	
Quels sont les symptômes ?	
De quoi protègent-ils ?	
Quels sont leurs fonctions ?	
Vers quel changement faut-il s'orienter ?	
Dans quelles limites sans menacer l'équilibre ?	
Quel équilibre faut-il établir ?	
Par quoi remplacer les symptômes ?	
Quels sont les obstacles à surmonter ?	
Comment fonctionne le système familial ?	
Comment fonctionne notre système ?	
Comment concilier les deux ?	
Quel rôle jouerons-nous ?	
En quoi le placement dans notre établissement ou service est-il différent ?	
Quel est le mode de perception privilégié par la personne ?	

Quelles sont les attitudes adoptées par l'acteur qui ressortent le plus des observations ?	
Inventaire des ressources du jeune.	
Quelles sont celles qui sont utilisées ou pas ?	
A quelles contraintes est-il soumis ?	
Comment les négocie-t-il ?	
Quelles sont les stratégies que vous avez repérées ?	
Dans quel jeu s'inscrit-il ?	
Quels sont ses objectifs ?	
Quelle est sa marge de liberté ?	
En est-il satisfait ?	
Comment évoluer d'un jeu à somme nulle vers un jeu ouvert ?	
Comment concilier les objectifs ?	
En termes concrets : quel est le problème ?	
Quelles sont les solutions déjà essayées ?	
Que se passe-t-il actuellement qui fait persister le problème ?	
Que peut-on faire pour provoquer un changement ?	
A quel changement peut-on aboutir ?	
La façon de communiquer est-elle croisée (échange effectué dans des états différents) ?	
Quel type de caresses a t il reçu ?	
Quel type de caresses donne-t-il ?	
Est-il collectionneur de points ? (boude facilement, reporte à plus tard et se sent coupable, fait des choses qu'il sait être néfastes et en a mauvaise conscience).	

Les grilles risquent de limiter les investigations. Celle-ci peut-être utilisée pour se familiariser avec les modes d'approche à condition de ne pas s'y laisser enfermer.

Je vous propose maintenant de construire le schéma d'élaboration des projets individualisés. Le travail d'observation que je viens de vous présenter est ici symbolisé par la base d'un tronc d'arbre. Ce schéma se complétera au fur et à mesure des différentes étapes exposées dans les chapitres suivants.

**OBSERVATIONS DIRECTES ET INDIRECTES
SUR TROIS NIVEAUX**

- Observations directes : observées par soi-même.
- Observations indirectes : informations transmises par des tiers.
- Sur trois niveaux :
  . Comportement du sujet.
  . Attitudes éducatives
  . Fonctionnement institution

Utilisation des modes d'approche pour l'analyse. (PNL, Approches systémique, stratégique, paradoxale, transactionnelle, comportementaliste.

---

4 – LA PROBLEMATIQUE ET L'HYPOTHESE EDUCATIVE

Les observations recueillies seront analysées, et nous permettront de repérer la problématique du jeune, de connaître ses objectifs, d'inventorier ses ressources sur lesquelles nous pourrons appuyer notre action et définir les rôles de chacun. La situation étant clarifiée, il sera possible de passer à la partie opérationnelle et de mettre en place le projet du jeune. Comme tout projet il lui faut une finalité qui sera la base des actions envisagées. Ce sera l'hypothèse éducative.

Comme toute hypothèse elle comprend deux variables. Elle est rédigée si possible en une phrase qui les met en corrélation.

Pour la formuler je propose de poser les deux questions suivantes :

➢ Quel est le changement à apporter ?
➢ Que faut-il remplir comme condition pour cela ?

Exemple : C'est en étant confrontée constamment à la réalité que Valérie accédera à un comportement plus adulte.

En appuyant l'action sur la confrontation à la réalité, l'éducateur pense apporter un changement dans les attitudes de Valérie, dans ce cas en l'amenant à être plus adulte.

Dans un premier temps cette hypothèse a été présentée différemment : "Pour que Valérie n'ait plus un comportement infantile, il faudra la confronter de manière constante aux réalités".

Sur le fond, les deux formulations ont le même sens. Sur la forme il y a une différence fondamentale. La deuxième formulation est exprimée négativement "...n'ait plus un comportement infantile". La première positive l'action : "accéder à un comportement adulte". Lorsque nous exprimons ce que nous ne voulons pas, ou ce qu'il ne faut pas faire, nous n'en savons pas pour autant ce que nous voulons.

Les comportements révélateurs de la problématique

La problématique sera définie en prenant en compte les différents contextes qui touchent la personne : la santé, les capacités d'adaptation et d'intégration, le développement de la personnalité, le milieu familial, la scolarité, l'autonomie, etc.

Par ses attitudes le sujet peut déclencher des feed-back dont il est plus ou moins conscient. Celles-ci peuvent aussi trouver leurs origines dans des états d'insatisfaction dus à des besoins insatisfaits ou à des frustrations, dues à des désirs inassouvis. Des valeurs ou des croyances limitatives, ainsi que le contexte dans lequel évolue le sujet influenceront également ses comportements. Ceux-ci permettent l'observation et l'analyse qui nous aidera à déterminer les problèmes à traiter. Ils peuvent être influencés par les critères qui autorisent la personne à agir ou pas de telle ou telle façon en fonction d'un contexte. Il y a une hiérarchie dans les critères, le plus important étant en général l'instinct de survie. Chaque personne a sa propre échelle qui sera définie en fonction :

Des croyances : Si je suis persuadé que ça porte malheur de passer sous une échelle, je ferai un détour. M'asseyant sur une chaise, si je pense que celle-ci est solide, je le ferai franchement, sans hésiter et m'installerai confortablement. Si je doute de cette solidité, je serai hésitant, je m'assiérai sur le bord, prêt à me redresser au moindre craquement. De nombreux adolescents placés pensent qu'ils n'arriveront jamais à rien, parce qu'ils ont entendu cela toute leur vie. Nous pouvons comprendre pourquoi, dans ce cas, ils ont peu envie de s'impliquer à l'école, dans un projet ou dans toute autre démarche. Il y a d'abord un travail à faire dans la modification des croyances. Nous avons tous des croyances. Elles sont de deux ordres. Il y a celles qui sont porteuses, dynamiques et celles qui sont limitantes, qui nous empêchent de nous épanouir, d'évoluer, de progresser. Si je crois que tous les ponts passant au-dessus d'une rivière ne sont pas solides et risquent de s'écrouler, ma vie risque d'être passablement compliquée. Si par contre, je crois que je suis capable de réussir ce que j'ai entrepris, je serai emporté par une dynamique qui me permettra facilement de progresser. Les croyances influent les comportements et les décisions. Elles ont de ce fait un impact direct sur notre vie. C'est à chacun de décider quelles sont les bonnes croyances.

Reprenons l'exemple des chaises : *François est assis sur une chaise. Il croit que cette chaise est suffisamment solide pour qu'il puisse s'asseoir dessus. Cela se voit à son comportement. Il est confortablement installé, les jambes allongées, le dos bien appuyé sur le dossier. Fernand, lui, pense que sa chaise n'est pas solide. Il s'assied avec précaution sur le bord, les jambes pliées, prêt à se redresser. Nous voyons ici que le comportement change en fonction de la croyance de chacun.*

Si François est sur une chaise solide et Fernand sur une chaise bancale, on peut dire que pour chacun d'eux la croyance est bonne, malgré que l'une et l'autre soient opposées.

Si par contre la chaise de François ne tient pas, nous imaginons facilement la mésaventure qui risque de lui arriver. Si par contre celle de Fernand est solide, il est regrettable qu'il subisse un inconfort qu'il se crée pour rien. ? Dans ces hypothèses, leurs croyances deviennent limitantes.

Nous pouvons dire qu'il n'y a pas de bonnes et mauvaises croyances. Elles dépendent des situations, des contextes, des environnements.

Des désirs : Le fait de désirer quelque chose entraîne la mise en place de stratégies qui vont engendrer des comportements. Ex : *Christine avait prévu de partir au camp Bretagne début juillet. Brusquement, elle change d'avis, et prétend préférer participer aux activités qui seront programmées dans l'établissement. L'éducateur s'en étonne, car il y a quelques jours*

elle était l'une des plus motivée pour ce camp. Mais Christine a rencontré un garçon en boîte samedi. Si le désir est réaliste et conforme à nos principes éducatifs, il peut être un élément ressource pour l'action qui pourra être menée. Un désir satisfait entraînera l'abandon des stratégies qui en découlent. Il peut être intéressant de travailler sur un désir inassouvi. Ex : *Laetitia veut retourner dans sa famille d'accueil qui ne veut plus en entendre parler.* L'éducateur ne l'accompagnera pas dans ce désir irréalisable, mais tentera un recadrage en proposant à Laetitia un parrainage par exemple. La prise en compte des désirs permet de favoriser le dialogue, d'inciter les personnes à parler, à se servir des mots et à utiliser le langage verbal. Le dialogue ainsi instauré est une porte ouverte à la communication. Par l'acquisition de l'autonomie, la personne en difficulté pourra satisfaire elle-même son désir.

Des valeurs : Si j'accorde de l'importance au respect du bien d'autrui, je ne volerai pas. Un enfant de quatre ans prendra un objet sans le demander, pour lui c'est normal. Ses parents lui expliqueront que ça n'est pas bien et l'enfant intégrera ce principe. Si le milieu familial n'est pas intervenu à ce moment là, il continuera de considérer que tout peut lui appartenir à partir du moment où il en a envie. Les lois ne seront pas respectables, parce qu'elles ne seront pas intégrées. Les valeurs se transmettent dans l'éducation. Elles sont très variables d'un milieu à un autre. Nous sommes sollicités par notre famille, notre communauté, nos enseignants, nos fréquentations. Souvent elles sont contradictoires. A chacun de faire le tri. Une même valeur sera stimulante pour l'un et limitante pour l'autre. Ex : *Certains pensent que la religion est une entrave à leur liberté, d'autres y trouvent un sens à leur vie.* Connaître les valeurs d'une personne et celles de sa famille est un facteur important pour l'analyse des comportements.

Des besoins : Si j'ai soif, je mettrai en place des stratégies, des comportements qui contribueront à étancher cette soif. Il y a des besoins qui sont vitaux et primordiaux, qu'il est impossible de reporter et qui peuvent justifier des comportements extrêmes. Ce sont ceux notamment qui sont en lien direct avec la survie : respirer, boire, manger, dormir. Pour d'autres la réponse peut être différée. Une affaire de justice récemment a défrayé la chronique. Une femme était relaxée pour avoir volé dans un magasin. Ce vol était justifié pour satisfaire un besoin alimentaire. Ceci peut expliquer que certains comportements peuvent paraître contradictoires avec les principes et les valeurs d'une personne.

GELINIER[16] considère les besoins comme le moteur des actions humaines. C'est la mise sous tension qui aboutit sur la motivation. JC SCHEID [17] cite Harold Jack Leavitt qui prétend que «si le besoin engendre la satisfaction, il procure la sécurité, et il développe de nouveaux besoins sociaux tels que l'amour, l'appartenance, les liens affectifs. S'il est facteur de frustration, il produit l'insécurité et engendre l'hostilité et des besoins égoïstes.

Douglas Mc Grégor les classe par catégories. Il distingue :

- Les besoins physiologiques (manger, dormir...)
- La protection contre le danger et la menace : besoin de sécurité
- Les besoins sociaux : Etre accepté par les autres (recevoir, donner).
- Estime de soi, réalisation de soi.

La célèbre pyramide de MASLOW hiérarchise les besoins en cinq catégories. L'être humain cherchera à satisfaire les besoins d'une catégorie supérieure, lorsque ceux de la catégorie inférieure seront satisfaits. En fonction du niveau atteint dans la pyramide, nous aurons des attitudes différentes.

---

[16] D. GELINIER. Direction participative par objectifs.
[17] JC SCHEID. Les grands auteurs en organisation DUNOD

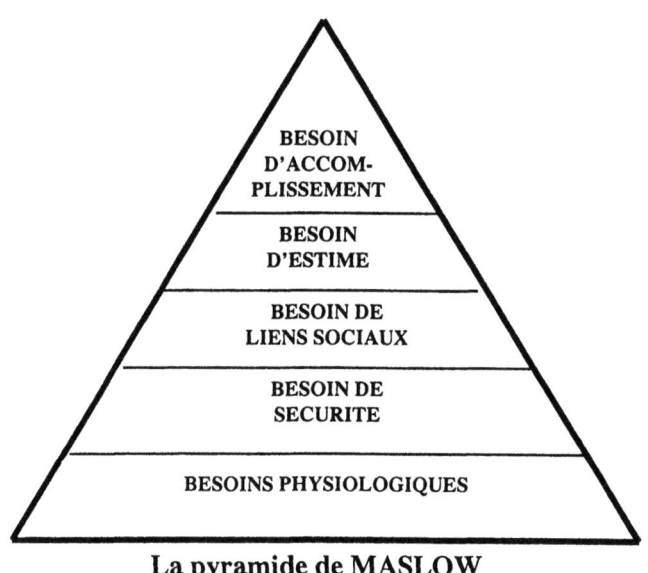

La pyramide de MASLOW

La compréhension de la manifestation des besoins et la manière dont l'individu tente de les gérer, nous aideront considérablement à saisir les inspirations des acteurs. Ils peuvent expliquer de nombreux comportements déroutants de la part des enfants. Nous rencontrons souvent des personnes qui, se trouvant dans un état pénible sans disposer des moyens pour y remédier, développent une incapacité à passer à l'action. C'est ce que nous avons repéré comme des attitudes apathiques et indifférentes. C'est le cas bien souvent de ceux qui n'ont pas de projet. Lorsque ces personnes découvrent un moyen de pallier cet état pénible, l'apathie et l'indifférence disparaissent et font place à une action dynamique. Ainsi la prise en compte d'un besoin n'a pas simplement pour objectif d'assouvir ce besoin, mais aussi de procurer une santé mentale en apportant une maturation psychologique. C'est sans doute pourquoi F. Dolto soulignait l'importance d'éveiller et de satisfaire les besoins.[18]

---

[18] Françoise DOLTO « Tout est langage ». CARRERE 1988

Des émotions : Un être paisible peut brutalement devenir agressif s'il a peur. Les personnes en difficulté sont confrontées à la frustration, la colère, la révolte, l'injustice... Ces sentiments plus ou moins bien acceptés s'extériorisent souvent par la violence, la fugue, l'opposition. Où ces sentiments prennent-ils racine ? Est-il possible d'apprendre à les gérer ? Ce sont des perspectives d'analyses et d'actions à ne pas négliger.

Des aspects cognitifs : Certaines personnes n'ont pas bénéficié de l'apprentissage de certaines normes ou usages. Dire bonjour, s'excuser, attendre d'être invité à s'asseoir, s'habiller et se maquiller en fonction du contexte sont de petits détails qui peuvent se transformer en gros handicaps lorsqu'ils sont ignorés.

Des expériences traumatisantes : Un viol, une agression, un inceste sont des expériences qui marqueront très fort les victimes à des degrés différents selon leur sensibilité. L'influence sur les comportements peut être considérable.

Il est clair que la modification d'un des éléments que nous venons de présenter ci-dessus entraînera un changement de comportement. Nous pouvons nous poser ici la question de déontologie par rapport au respect de la personnalité. Il s'agit en fait de repérer ce qui est limitatif ou ce qui se présente comme une ressource pour la personne suivie. Est-ce un handicap pour elle de contourner une échelle si elle croit que ça porte malheur ? Etant donné qu'il n'y en a pas tous les cent mètres, et que cela ne nécessite pas un détour important, tout en n'étant pas une ressource, cette croyance ne représente pas une gêne trop importante qui mérite d'être travaillée. Par contre l'affirmation de certains adolescents placés : « Quand on est en MECS on devient SDF » mériterait qu'on s'y attarde. En fait l'éducateur pourra aider la personne suivie à agir sur ses comportements pour l'aider à se sentir mieux, à s'intégrer et à trouver le bonheur. Comme je l'ai déjà expliqué, cela implique que le sujet ait pris conscience des limites d'un comportement et qu'il ait envie d'en changer. A partir de là il s'agit de repérer l'origine de celui-ci, les raisons qui le maintiennent et d'orienter l'action vers un changement en vérifiant sa pertinence.

Nous essaierons de repérer comment la personne se situe par rapport à des perspectives de changement. Nous ne perdrons pas de vue la remarque de Jean Marie BARBIER[19] : « Il y a problème lorsqu'une ou plusieurs personnes décident qu'une situation doit être supprimée ou modifiée ». Le travail en partenariat nous aidera à affiner nos analyses, à repérer les besoins à satisfaire ou les situations à améliorer ou corriger. Les changements d'un comportement peuvent ne pas apparaître au même moment dans les différents domaines de la vie (affectif, relationnel, professionnel, etc.)

L'éducateur veillera à ne pas confondre la problématique et les motifs du placement. Un climat familial malsain, des abus sexuels, l'inceste, la maltraitance, ne sont pas des problématiques, mais des événements qui en sont l'origine. Par exemple une maltraitance ou des abus sexuels permettront de connaître l'origine d'un comportement renfermé ou agressif. Ils sont à prendre en compte dans le traitement, mais ne sont pas les problèmes à traiter. Il en est de même du lien entre la problématique de la personne prise en charge et la problématique familiale.

LA PROBLÉMATIQUE ET LA VARIABLE DÉTERMINANTE

La question qui est parfois posée, est de savoir s'il y a obligatoirement une problématique ? S'il n'y en avait pas on pourrait se demander pourquoi la collectivité paye des prix de journée relativement élevés pour prendre en charge les personnes en difficulté.

---

[19] Jean Marie BARBIER « Elaboration de projets d'action et planification » (PUF – 1991)

Une problématique n'est pas forcément la définition de quelque chose qui ne va pas bien. Ca peut être simplement la conscience de quelque chose qui peut être fait dans le but de changer, s'améliorer, se sentir mieux, trouver une satisfaction, progresser vers un but, etc.

La variable déterminante précisera un but à atteindre. Elle résume le problème à régler. Il est difficile de définir des buts, si nous ne connaissons pas bien le problème à traiter. La tentation sera de réduire les symptômes et nous nous orienterons vers une pratique de projets circulaires. L'observation peut susciter des questions qui seront des tentatives de compréhension du comportement de l'enfant. L'éducateur tentera d'y apporter des réponses supposées sous la forme d'une série d'hypothèses qui seront confirmées ou infirmées par recoupement avec d'autres observations.

Exemple : Corinne quitte l'activité où elle est inscrite et qui est animée par un éducateur pour rejoindre le groupe dirigé par Marie-Pierre. Dans le dossier il est précisé que Corinne a subi des attouchements de la part de son beau-père. On peut supposer qu'elle a quitté le premier groupe parce qu'il était animé par un homme. Dans une deuxième observation elle a un mouvement de recul lorsqu'un éducateur s'approche pour l'embrasser. Dans une troisième, elle refuse que ce soit Francis, un autre éducateur, qui l'emmène à l'école. Ces deux dernières observations confirment l'hypothèse énoncée au départ. Si par contre, Corinne court vers l'éducateur pour l'embrasser et demande à ce qu'il l'accompagne à l'école, l'hypothèse sera infirmée et il faudra trouver une autre explication.

C'est de cette façon que l'éducateur peut progressivement cerner une problématique de la personne suivie. Elle lui servira de point de départ pour envisager son action. Les observations feront apparaître un bon nombre de problèmes qui se révéleront être des symptômes plutôt que la problématique.

Exemple : Francis ne fait rien en classe et pratique régulièrement l'école buissonnière. Toutes les démarches effectuées pour lui apporter un soutien scolaire ont échoué. C'est lorsque les véritables problèmes liés à sa famille ont été abordés que les difficultés scolaires se sont atténuées. Francis a même réussi à être le premier de sa classe.

Exemple : Nathalie vole. Elle est présentée par sa mère comme une cleptomane. Il est noté dans le dossier qu'il n'y a jamais eu d'incident de ce type lorsqu'elle est chez ses grands-parents. Cette information nous a permis de relier les problèmes de vol à sa relation avec la mère.

Dans ces deux exemples les adolescents étaient catalogués l'un comme mauvais élève, l'autre comme voleuse. Ils assumaient les rôles qui leur avaient été attribués. C'est lorsque nous sommes parvenus à modifier les croyances que nous avons noté des modifications dans les comportements et que nous avons pu travailler sur la véritable problématique.

L'exemple qui suit souligne l'importance de cerner et rédiger correctement la problématique.

Pauline subit l'influence de ses proches dont elle veut régler les problèmes. La problématique repérée consiste en un manque de recul par rapport au milieu familial qui implique une entrave à son évolution.

L'hypothèse éducative qui en est ressortie était la suivante : "Pour que Pauline prenne du recul par rapport à sa famille, il faut lui permettre d'évoluer". Cette démarche ne permet d'aboutir sur aucune piste, dans la mesure où c'est une formulation à l'envers de la problématique. Autant affirmer qu'on est malade parce qu'on a de la fièvre. Il faudrait ne plus avoir de fièvre pour n'être plus malade. L'évolution de Pauline est conditionnée au recul qu'elle parviendra à prendre par rapport à son milieu familial. L'éducateur pourra l'aider à partir d'une action menée pour atteindre ce but.

Une nouvelle hypothèse a été proposée : "C'est en aidant Pauline à verbaliser ses affects que nous lui permettrons de se déculpabiliser et de se distancier par rapport à son milieu familial, conditions préalables pour qu'elle puisse vivre son projet d'évolution et se construire elle-même".

Il sera malaisé pour nous d'éviter de créer des problèmes là où il n'y en a pas. C'est à quoi pourrait nous amener une analyse trop hâtive. La problématique et le projet individualisé n'ont pas besoin d'être définis dès l'accueil de la personne. C'est d'ailleurs utopique dans la plupart des cas d'accueil en urgence. S'il est préférable d'envisager une admission pour laquelle, ce travail est déjà bien avancé, nous pouvons admettre de le démarrer au moment de l'accueil.

La problématique définie au départ du projet peut être erronée. La situation du jeune peut avoir évolué et dans ce cas cette problématique a été modifiée. Si l'éducateur reste fixé sur celle du départ, il mènera une action pour résoudre des problèmes qui ne seront plus d'actualité. Le projet sera totalement inefficace.

LES RESSOURCES ET LA VARIABLE CONDITIONNELLE

La variable conditionnelle indiquera la direction à prendre pour atteindre le but. Elle prendra en compte les ressources de la personne. Chaque individu possède en lui un certain nombre de ressources dont il est plus ou moins conscient et qu'il exploite plus ou moins bien. L'exploitation de celles-ci peut contribuer à revaloriser la personne et à renforcer sa confiance en elle-même. Elles peuvent être d'ordre matériel, affectif, cognitif ou relationnel. Elles se situent au niveau des opportunités, des points d'appui qui se présenteront au sujet, des potentiels qu'il possède, de ses points forts et de ses qualités.

Exemple : Une fête est prévue dans l'établissement. Cette opportunité sera utilisée pour permettre à Dominique de s'exprimer et de se valoriser. Il s'appuiera sur son amitié avec Alain pour présenter un sketch avec lui. Son envie permanente de faire le clown pourra être exploitée. Comme il est très bon en gymnastique il utilisera les acrobaties qu'il sait faire, ainsi que ses capacités imaginatives pour écrire un scénario. Comme il est disponible, nous lui demanderons également d'aider les autres à monter leurs sketchs ou leurs chorégraphies.

Elles permettent à chacun en les utilisant comme atouts de s'intégrer dans un jeu en y assumant les risques et les difficultés. L'éducateur pourra les aider à prendre conscience de leurs capacités, et à sélectionner celles qui se révéleront efficaces. Cette prise de conscience permettra d'accroître leur maîtrise d'eux-mêmes et d'exploiter plus efficacement les moyens qu'ils possèdent. C'est une façon de leur donner une plus grande assurance, et plus d'aisance. La reconnaissance de leurs capacités et de leurs progressions, les aideront à prendre confiance en eux, et ils en retireront une certaine volonté. Cette démarche aboutira sur une relation de confiance réciproque entre le jeune et l'éducateur.

Les ressources serviront de point d'appui pour établir la deuxième variable de l'hypothèse éducative qui donnera les grandes orientations des actions à mettre en place. Sa faisabilité sera vérifiée en fonction des moyens dont nous disposons et en contrôlant l'impact des contraintes qui se manifesteront sous la forme de points de résistance, de menaces, d'obstacles, de risques, d'incertitudes et des points faibles qui limitent la personne.

Exemple : Comme Dominique est peu populaire, certains membres du groupe s'opposent à sa participation à la fête. Dominique lui-même craint d'être paralysé par le trac le jour de la représentation. Comme il est fréquemment collé à l'école et qu'il fugue souvent il n'est pas certain qu'il pourra suivre régulièrement les répétitions. De surcroît, il ne sait pas gérer son temps et il est toujours en retard.

Comme toute hypothèse, elle devra être vérifiée. C'est grâce aux nouvelles observations collectées et à l'évaluation que nous pourrons effectuer ce contrôle. Nous y déterminerons la faisabilité en inventoriant les moyens dont nous disposons pour résoudre cette problématique.

Exemple d'une hypothèse éducative :

Résumé des observations :
- Difficultés à se situer par rapport à ses parents
- Ne sait pas dire non
- Difficultés à trouver sa place dans le groupe
- Influençable

Problématique :

Ne sait pas se situer dans le système familial et reste influençable.

Réponse éducative :
Savoir prendre des décisions seule et faire en sorte qu'elle puisse s'occuper d'elle même.

Hypothèse éducative :

Pour permettre à Marie de se situer dans le système familial et d'éviter de se laisser influencer, nous lui apprendrons à prendre des décisions seule et à faire en sorte qu'elle puisse s'occuper d'elle même.

En repartant du premier exemple de ce chapitre nous nous posons la question : *Comment nous y prendrons-nous pour confronter Valérie aux réalités de manière constante ?* C'est ce qui sera déterminé par les objectifs dans la suite du projet.

Le schéma commencé aux chapitres sur l'observation est ci-dessous complété par la problématique et l'hypothèse éducative.

HYPOTHESE EDUCATIVE

Variable déterminante = but à atteindre. Quel est le changement à apporter pour la personne ?
Variable conditionnelle = La direction à prendre pour atteindre le but. Que faut-il remplir comme conditions pour cela ?

PROBLEMATIQUE

La problématique sera définie en prenant en compte les différents contextes qui touchent la personne : santé, capacités d'adaptation et d'intégration, développement de la personnalité, milieu familial, scolarité, autonomie et l'échelle des critères définie par ses croyances, ses désirs, ses valeurs, ses besoins, ses émotions, ses aspects cognitifs, ses expériences de vie.

OBSERVATIONS DIRECTES ET INDIRECTES SUR TROIS NIVEAUX

5 - LA PRISE DE CONSCIENCE DE LA PROBLEMATIQUE ET LA PREPARATION AU CHANGEMENT.

Avant d'avancer plus loin dans la démarche, il me paraît utile de préciser que la mise en place d'un projet pour pouvoir dire qu'il y a un projet n'est pas une solution. Celui-ci doit être adapté à l'action en fonction de l'état d'évolution dans lequel se trouve la personne. L'éducateur essaiera de repérer si celle-ci a conscience des difficultés repérées, si elle a envie de changer, si elle est prête à changer.

Exemple : *Agnès a été placée en raison d'une mauvaise entente avec sa famille d'accueil. Les parents nourriciers ne supportaient plus ses mouvements d'humeur qui étaient l'origine de nombreux conflits. Arrivée au foyer, Agnès reproduit les mêmes comportements. Il y a des moments où elle est très agréable, souriante, et sans que l'on sache pourquoi, brusquement, elle fait la tête, boude, quelquefois pendant plusieurs jours sans que l'on en sache la raison. Ces attitudes créent de l'irritation et de l'animosité contre elle, ce qui l'amène à se renfermer encore plus. Lors d'un stage de communication organisé par l'établissement, elle découvre qu'elle fait des lectures de pensée. Lorsqu'elle voit quelqu'un rire ou parler en la regardant, elle s'imagine que les gens se moquent d'elle ou la critiquent. Pour les sanctionner, elle boude. Comme cela ne vient que de son imagination et n'a aucun fondement réel, les autres subissent cette sanction sans la comprendre et lui renvoient forcément des feed-back négatifs.*

Cette découverte a permis à Agnès de franchir une première étape, la prise de conscience de sa problématique. Les éducateurs ont pu en parler avec elle. Elle a évalué ce que lui coûtaient ses attitudes en faisant le rapprochement entre ses comportements et les relations qu'elle établissait avec son entourage. En estimant le prix des efforts à fournir pour changer et les gains qui en résulteraient, elle réalise que ce serait une opération bénéficiaire pour elle. Elle franchit ainsi la deuxième étape : l'envie de changer.

Il y a souvent besoin d'une période plus ou moins longue pour que le processus de changement trouve sa maturité. Un candidat au saut à l'élastique peut réaliser les sensations que lui apporterait une telle épreuve. Il peut avoir envie de «faire le saut» et se présenter au pied de la grue. Ca n'est pas pour cela qu'il est prêt à grimper sur la plate forme et à se jeter dans le vide. Pour franchir la troisième étape et être prêt au changement, la personne effectuera une démarche personnelle plus ou moins longue en fonction de son rythme, de ses critères, de ses croyances, de ses émotions, etc.

Il est mis en évidence ici que la précipitation n'aide pas à la mise en place d'un projet individualisé. Au contraire, vouloir travailler un objectif comportemental par exemple, avec un jeune qui ne réalise pas que ce comportement lui pose problème, est un gaspillage d'énergie. De nombreuses pratiques de projets conviennent aux personnes qui ont atteint la troisième étape, mais elles mènent souvent à l'échec pour les autres. L'intervention éducative devra être différente en fonction de l'évolution de la personne par rapport à ces trois niveaux. Il est évident qu'on ne peut pas faire gagner une course à un sportif qui ne voit pas la raison de courir ou qui n'a pas eu d'entraînement. Le franchissement de la première étape n'est pas toujours aussi aisé que pour Agnès.

Exemple : *Cindy préfère se clochardiser, vivre dans le froid, la saleté, avoir faim, plutôt que la chaleur du foyer, les bons repas, des vêtements propres, un confort agréable.*

Quelles peuvent être les motivations de Cindy qui apparemment dédaigne ici royalement la théorie de Maslow, se souciant peu de ses besoins primaires ? BOUTINET prétend qu'une certaine précarité dans le mode d'existence empêche d'anticiper. Les marginaux et les exclus peuvent être aussi sans projet dans la mesure où les contraintes du moment présent les empêchent de prendre le recul nécessaire à l'anticipation.

Jean Marie BARBIER [20] souligne l'importance de l'éducation d'un enfant pour qu'il soit capable de s'inscrire dans une démarche de projet. Un certain nombre d'expériences élémentaires permettront à celui-ci de prendre conscience de lui-même et de son environnement. La capacité à s'inscrire dans un projet est directement liée aux expériences vécues dans les domaines qui se rapportent aux objectifs. Pour des personnes en difficulté qui ont vécu de nombreuses carences dans leur éducation, les expérimentations de la vie sont insuffisantes. Il leur est très difficile d'entrer dans une démarche de projet. D'où les échecs le plus souvent rencontrés. Jean Marie BARBIER propose pour ces personnes des activités menées pour elles-mêmes, «des activités de vie » effectuées avec plaisir. Ce n'est peut-être pas un hasard que les éducateurs s'orientent instinctivement vers des activités ou des animations pour les jeunes. C'est la pratique de ces activités qui inscrit le sujet directement dans une action qui pourra l'aider à maintenir une démarche de projet. Il en est de même pour les jeunes enfants qui ont des capacités d'anticipation limitées et pour lesquels nous nous contenterons de mini projets. Se lancer dans un projet provoque un effet multiplicateur. Après avoir donné vie au projet, celui-ci va grandir, s'étendre. De la

---

[20] Jean Marie BARBIER « Elaboration de projets d'action et planification » (PUF – 1991) P.120/121

petite activité du départ, nous parviendrons à des objectifs plus importants en lien avec la problématique. Il sera possible à ce moment là de s'orienter vers un changement.

Il importe malgré tout de ne pas trop tarder à amorcer le changement pour éviter que le jeune nous entraîne dans son mode de fonctionnement qui l'a déjà mené à l'échec.

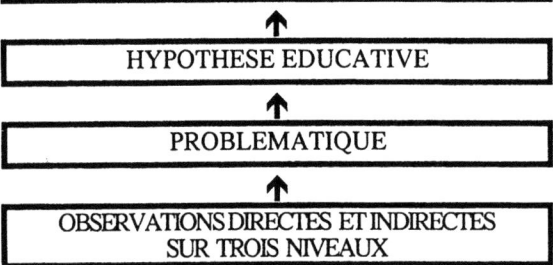

6 - LES OBJECTIFS GENERAUX

Les objectifs généraux sont les buts fixés qui découlent de l'hypothèse éducative. Ce sont les grandes orientations du projet. Ils correspondent à une définition large et générale.

Exemple : développer l'autonomie financière, améliorer les résultats scolaires, trouver un travail, améliorer le comportement...

Ils proposent des solutions qui permettront au jeune de se projeter dans l'avenir. Ils se situent la plupart du temps autour des problèmes professionnels, scolaires, familiaux ou d'autonomie. On se pose la question du choix d'un métier ou d'une formation. On réfléchit sur les possibilités d'un jeune à vivre seul en chambre ou en appartement. On se pose la question d'un retour en famille pour un autre. Il peut y avoir d'autres buts envisagés qui aborderont les questions de comportements, de santé, de relations, de socialisations, d'épanouissement personnel.

Sans prétendre à l'exhaustivité, voici les différents types d'objectifs que j'ai repérés.

LA FAMILLE : Ce sont des objectifs qui visent souvent à maintenir des liens familiaux ou à les renouer. L'action s'oriente généralement vers l'organisation de retours en week-end ou vers l'évitement de disputes avec l'un des parents. Ce sont très souvent des objectifs qui ne dépendent pas entièrement du sujet. Certaines structures vont plus loin et effectuent un travail en profondeur simultané avec la famille.[21]

LA SCOLARITE OU OBJECTIF D'ORIENTATION[22] : Cette partie comprend en outre l'orientation professionnelle et les diverses démarches de formation existantes qui, dans de nombreux cas, remplacent la scolarité. Celle-ci est considérée comme la clé de la réussite. Certains établissements la présentent comme l'objectif principal de leur projet éducatif. C'est l'aspect du projet individualisé qui est le plus facile à gérer dans la mesure où c'est facilement quantifiable. Il est aisé de concrétiser par le biais des moyennes, des notes, des acquis scolaires. Les difficultés rencontrées dans ce type d'objectifs sont les injonctions paradoxales que nous sommes amenés à poser à des jeunes en leur demandant de se fixer des buts tout en les soumettant à des contingences opposées. Par exemple, de nombreux jeunes sont orientés en comptabilité, alors qu'il n'y a pas d'emplois proposés dans ce secteur. La réussite scolaire est favorisée pour un jeune qui a un projet d'orientation avec des objectifs clairs qui se précisera au fur et à mesure de l'avancée de ses études. Malheureusement cela est loin d'être évident, en particulier pour des personnes handicapées ou en difficulté. En effet, comment se projeter vers un avenir professionnel lorsque l'on est submergé par des difficultés relationnelles, affectives, psychologiques, et de surcroît dans un contexte de crise ?

LE PROJET DE VIE : Il peut être sentimental, familial, militant, lié à un engagement caritatif, à un choix de célibat, de vie conjugale ou maritale. Comme le précise Jean Pierre BOUTINET, il oriente un style de vie. J'estime que nous n'avons pas à intervenir sur ces objectifs qui relèvent d'un choix strictement personnel. Il est possible que nous soyons sollicités par de jeunes

---

[21] MERIGOT D. « Familles en structures d'accueil. Approche systémique. L'Harmattan 1998.
[22] Expression utilisée par BOUTINET « Anthropologie du projet » - p.91

adultes qui ont besoin d'y voir clair et recherchent de l'aide. Dans ce cas, une démarche particulièrement respectueuse s'impose. L'attitude de l'éducateur correspondra à un comportement de retrait qui visera à aider la personne à faire ses propres choix. Certains se posent la question de l'éducation religieuse. Celle-ci échoit évidemment à la famille et les pratiques de chacune seront respectées dans la mesure où elles-mêmes respectent les droits de l'Homme. Des établissements inscrivent cet aspect dans leur projet éducatif et jouent le rôle de la famille lorsqu'elle est inexistante. Au-delà de l'aspect religieux, se pose la question de savoir s'il est de nos attributions de pallier l'absence de spiritualité. Je n'ai pas de réponse à cette question qui déborde d'ailleurs des compétences de cet ouvrage.

LES COMPORTEMENTS : Selon Joseph NUTTIN[23] «le comportement est une action sur le réseau de relations qui unit l'individu au monde». Elle représente le lien entre une situation présente et une situation désirée. L'acte s'inscrit dans un ensemble qui constitue un projet d'action. NUTTIN distingue trois phases dans le processus des comportements :

1) <u>La construction du monde du comportement avec le sujet «en situation».</u> C'est la compénétration entre le monde perçu et le monde conçu. La construction de ce monde engendre des situations qui génèrent les comportements.

2) <u>Le sujet élabore des buts et des projets qui concrétisent ses besoins.</u>

3) <u>Les comportements d'exécution et d'action proprement dites.</u> Le sujet agit sur une situation actuelle telle qu'il la perçoit afin de réaliser ses projets.

Dans chacune de ces phases il peut y avoir des troubles qui peuvent perturber les comportements pouvant justifier de l'intérêt d'une thérapeutique.

---

[23] Joseph NUTTIN « Théorie de la motivation humaine » (PUF – 1996)

Les comportements découlent de nos croyances, nos critères, nos émotions, de nos besoins et de nos désirs, ainsi que des stratégies que nous mettons en place pour les satisfaire. Il n'est pas nécessaire d'avoir des troubles comportementaux pour travailler ces objectifs. Tout être humain possède des comportements limitatifs qu'il peut souhaiter améliorer ou changer sans pour autant altérer sa personnalité. Cela peut être tout simplement apprendre à demander pour une femme qui n'ose formuler des demandes ; ou apprendre à dire non pour un garçon qui est en difficulté pour refuser les sollicitations ; ou encore prendre l'initiative du dialogue pour un timide, etc. Nous avons vu dans la problématique en quoi les comportements étaient révélateurs des problèmes. Ils sont en fait notre vitrine, et c'est à travers eux que nous serons jugés, appréciés ou rejetés par nos pairs. A chacun de voir et d'estimer ceux qui contribuent à notre bonheur ou au contraire qui sont des obstacles. Une fois qu'ils ont été identifiés dans la problématique, que nous sommes parvenus à la troisième étape, celle où le sujet est conscient des limites d'une attitude et qu'il désire en changer, nous pouvons réfléchir à l'action à mettre en œuvre.

Ex : Paul était très violent. A la moindre frustration ou contrariété il réglait le problème par des coups. La violence semblait le seul moyen pour lui d'être entendu et reconnu. S'appuyant sur ce besoin de reconnaissance, les éducateurs ont réussi à le convaincre que ses comportements aboutissaient à l'effet inverse et qu'il avait plus de chance d'y parvenir en maîtrisant sa violence. A son arrivée il est décrit en ces termes :
« *Paul est taquin et ne sait pas dialoguer. Lorsqu'un conflit l'oppose à un autre jeune, il frappe. Les corps à corps sont violents ; Paul ne cède du terrain que si une force extérieure vient le séparer de son adversaire.* » *Dix huit mois après son arrivée, nous pouvons lire dans le compte rendu de synthèse :* « *Paul parvient de mieux en mieux à se contrôler. Il accepte plus facilement la frustration et est maintenant capable de différer ses demandes. Ses réactions violentes se font de plus en plus rares et les relations avec les autres jeunes s'améliorent.* »

Ces objectifs sont plus difficiles à concrétiser. S'ils sont facilement exprimés sous forme d'objectifs généraux (exemple : être poli), les éducateurs parviennent moins facilement à les faire formuler avec plus de précision. « Développer la flexibilité comportementale, peut être un objectif général à atteindre. L'élaboration de situations concrètes, de jeux de rôles permettront de s'exercer à développer une flexibilité comportementale qui favorisera la réussite. Nous développerons cet aspect avec les objectifs secondaires.

L'AUTONOMIE : Apprendre à marcher, à parler, à écrire, à se laver, à s'habiller, puis plus tard à gérer un budget, un appartement, à vivre seul, à trouver du travail, à travailler... L'autonomie fait partie intégrante de l'éducation. Elle contribue à étendre la marge de liberté de la personne. Elle est souvent présentée comme objectif général, ce qui est une erreur. En la matière, les objectifs généraux seront : « gérer son argent », «gérer son temps », «prendre soin de sa personne », «apprendre à faire des démarches extérieures »...

LA PSYCHOLOGIE : Les établissements spécialisés accueillent un nombre croissant d'enfants ou adolescents dont les problématiques sont de plus en plus complexes. Nous constatons très régulièrement que certains d'entre eux ne peuvent trouver de lieux de prise en charge. Le secteur psychiatrique estime qu'ils ne dépendent pas de leur domaine. Il n'y a pas d'autres alternatives à part quelques cas isolés : des lieux de vie, les U.E.R. avec un agent par enfant accueilli... Le nombre de jeunes perturbés psychologiquement est en augmentation et à cela s'ajoute la méconnaissance de plus en plus fréquente des problématiques au moment de l'admission. De plus en plus souvent nous découvrons les réelles difficultés de l'enfant ou l'adolescent après son arrivée.

Ex : Edith est admise dans l'établissement après avoir révélé les actes incestueux de son père. Celui-ci est incarcéré. La mère accuse sa fille de mentir et lui dit que son père est en prison à cause d'elle. Elle lui interdit de voir ses frères et sœurs. Toutes ses tentatives pour communiquer avec sa mère se terminent très mal. Progressivement ses comportements se dégradent. Un partenariat est mis en place avec un centre d'accueil pour adolescents en milieu psychiatrique. Cette initiative a permis de prolonger l'accompagnement de l'adolescente six mois de plus, mais a quand même fini par aboutir par un placement dans un établissement spécialisé.

Ce type de situation se présente de plus en plus et une réflexion s'impose sur le rôle des psychologues et des psychiatres dans les établissements. L'exemple du partenariat mis en place dans la situation d'Edith est intéressant et mériterait que nous puissions aller plus loin dans ce type de démarches.

LA SANTE : Certains types de prise en charge nécessitent une médicalisation importante. C'est le cas des handicapés physiques ou des polyhandicapés par exemple. Les établissements qui accueillent ces personnes consacrent une grande partie de leur action aux soins, souvent même en priorité par rapport à l'éducatif ou au pédagogique. A ce niveau le médical n'entre pas dans une catégorie d'objectifs, mais correspond plus à un type de projet. Ceci n'empêche pas les liens avec les autres projets. De plus en plus d'intervenants médicaux cherchent à travailler en lien avec leurs partenaires pour qu'il y ait une cohésion entre les projets de soins, thérapeutiques et éducatifs.

Par contre, dans d'autres établissements, la santé fait partie des préoccupations éducatives et commence par le suivi de l'hygiène, l'entretien des dents, les traitements, les visites chez le médecin ou les spécialistes. Si les activités inhérentes à ces objectifs sont souvent du ressort de l'infirmière, celle-ci assure le lien entre les éducateurs et les intervenants extérieurs. L'éducateur ne doit pas se déresponsabiliser dans ce domaine, il est le garant du projet individualisé, et à ce titre, la santé le concerne comme le reste. D'autre part, c'est aussi et surtout à partir du quotidien qu'elle se gère, soit par la qualité de vie, l'hygiène ou la prise de médicaments.

LES RELATIONS : Le désir d'améliorer une relation avec une ou plusieurs personnes est souvent exprimé. C'est «je voudrais mieux m'entendre avec mon père ou avec ma mère ou avec ma sœur». Ca peut être également : « Mon prof de maths en a toujours après moi ou mes copains d'atelier n'arrêtent pas de m'embêter ».

Dans le désir exprimé d'une meilleure relation la tendance est la plupart du temps de reporter la nécessité du changement sur l'autre. « Il faut que mon père m'engueule moins », «je veux que les copains me laissent tranquilles et arrêtent de me taquiner ». Il est impossible de gérer un objectif qui dépend d'un autre. C'est ce qui rend difficile le travail sur ce type d'actions. L'éducateur doit amener le sujet à réfléchir d'abord sur ce qu'il peut faire lui pour que son père soit plus gentil ou ses copains plus sympathiques. Cela engendre une démarche de la personne à réfléchir sur ce qu'elle fait, elle, pour créer ces feed-back. Quelque fois l'objectif est atteint. En changeant d'attitude, un nouveau feed-back est créé. D'autres fois ça ne fonctionne pas, car nous n'avons pas le pouvoir de changer les autres. Dans ce cas c'est l'objectif qui doit être modifié.

LA SOCIALISATION : C'est la raison pour laquelle nous existons. La société nous paie pour que nous insérions des personnes en difficulté en son sein. Simplement insérer, faire en sorte que les personnes dont nous nous occupons deviennent des citoyens calmes, qui ne soient pas à la charge des fonds publics et qui paient leurs impôts, c'est bien. Il est aussi possible d'être plus ambitieux et d'espérer que ces personnes pourront dans l'avenir avoir les capacités de jouer un véritable rôle social dans leur entourage, de pouvoir être considérées par leurs pairs comme des personnes ressources, et de contribuer par leurs actions à faire progresser d'une manière aussi infime soit-elle, la qualité de vie de l'humanité. Je réfute les arguments du genre «elle vient d'un milieu défavorisé, elle vivra dans un milieu défavorisé » ou «il est handicapé, il n'a aucune intelligence, il sera toujours un assisté » ou encore «toute sa famille est composée de délinquants, il finira comme eux ».

C'est un devoir pour nous d'aider les personnes à développer leurs ressources, à acquérir des capacités. Libre à elles ensuite de s'en servir ou pas et de faire ce qu'elles veulent de leur vie.

L'EPANOUISSEMENT PERSONNEL : Dans ce titre il y a le mot personnel. Certains objectifs de cette catégorie peuvent être très intimes. Comme pour le projet de vie notre intervention sera guidée par le respect du sujet. L'action risque d'être souvent d'ordre thérapeutique. Nous remarquons que les objectifs liés aux comportements, à la famille, à la socialisation ou d'autres encore contribuent à l'épanouissement de la personne. Comme toute typologie, celle-ci a ses limites, et il est évident qu'il n'y a pas de limites claires et nettes entre ces différentes classifications. Exemple : Un stage de communication aidera une personne à faire le tri de ses croyances, à repérer ses critères et à faire évoluer son mode de penser de façon à atteindre un bien-être. Ce même stage, pourra l'aider à modifier des comportements qui lui permettront d'améliorer ses relations avec son père ou avec ses copains d'atelier, avec pour résultat de se sentir mieux. L'épanouissement personnel est souvent en lien avec la psychologie, les modes de pensées, les émotions.

Nous vérifierons également la pertinence de l'objectif. Est-il intéressant pour la personne de s'engager dans une voie, de fournir des efforts pour changer ?

Exemple : *Béatrice est isolée des autres. Elle reste dans sa chambre et ne participe pas aux activités avec ses camarades du CHRS.*[24] *L'équipe pense qu'il faut améliorer son intégration dans le groupe.*

---

[24] CHRS : Centre d'hébergement et de réinsertion sociale.

Si la jeune femme fournit des efforts dans ce sens, qu'est-ce que cela lui apportera ? Elle gagnera peut être l'estime des autres. Il s'agit de savoir si Béatrice est prête à assumer le coût des efforts à fournir et de l'abandon d'une partie de sa tranquillité pour obtenir cela. Et si au contraire, elle se sent bien comme elle est ? Est-ce un réel besoin ou un réel intérêt pour elle ? Ou est-ce simplement un désir de l'éducateur ? Il n'y a pas de réponse générale à ces questions. Pour certaines personnes cet objectif sera pertinent, et le changement qu'il entraînera leur permettra de progresser. Pour d'autres, il risque de leur faire perdre des bénéfices secondaires et ainsi renforcer les problèmes.

Exemple : *« Catherine se tue à la tâche ». Elle fait sans arrêt du ménage, du rangement, de la vaisselle... Elle n'arrête jamais. Il faut lui permettre de »lever le pied ».*

Et si c'était un besoin pour elle de «se tuer à la tâche » ? Certaines personnes ayant une vie affective très pauvre, se dépensent sans compter au travail. Si nous leur enlevons cette possibilité, elles n'existent plus.

Il est utile de poser quelques questions pour vérifier la pertinence de l'objectif :
- Quelles sont les contraintes ?
- Quelles sont les ressources ?
- Quels sont les gains que le sujet peut espérer ?
- Quels sont les coûts qu'il devra assumer ?
- En pesant le pour et le contre, la stratégie vaut-elle le coup d'être tentée ?

Si la réponse est oui à la dernière question, il y a pertinence de l'objectif. Si c'est non, il n'y a pas pertinence. Dans ce cas, il vaut mieux soit choisir un autre objectif, soit modifier les données en baissant le coût ou en augmentant les gains. BOUTINET abonde dans ce sens lorsqu'il dit : « L'analyse stratégique sera notamment soucieuse de prendre en compte l'efficience du projet au travers des ressources engagées et des résultats produits ou escomptés ; la méthode coûts/avantages entre autres pourra permettre de mesurer cette efficience ».[25]

Exemple : *Jennifer se comporte très mal en classe. Elle risque d'être renvoyée. Tout objectif d'amélioration de comportement représentera pour elle un coût trop important par rapport aux gains. Elle chahute parce qu'elle s'ennuie. Elle s'ennuie, parce qu'elle est larguée à cause d'un absentéisme scolaire très important. Il lui faudra fournir des efforts considérables pour se tenir tranquille et continuera à s'ennuyer en classe. C'est pour elle un coût énorme pour un gain pratiquement nul.*

L'organisation d'un soutien individuel pendant certains cours a permis de modifier les données du problème. Le suivi qui lui a été consacré par l'instituteur lui a apporté une relation privilégiée. Elle s'est sentie reconnue. Elle a compris certains cours avec plus de facilité. Les gains commencent à devenir intéressants et justifient le coût de faire des efforts.

Dans l'exemple de Jennifer nous avons vu que l'adaptation des objectifs et des moyens permet d'augmenter les bénéfices. Dans l'exemple qui va suivre, c'est l'inverse. Ce sont les pertes qui peuvent augmenter.

Un homme ne vit que pour son travail. Il passe tout son temps dans son entreprise. Il n'a aucun loisir, aucune vie affective.

Partons de l'hypothèse que sa vie sentimentale étant très pauvre, l'acharnement au travail est pour lui une compensation et le seul moyen d'exister. Dans ce cas l'objectif «prendre de la distance par rapport au travail et se consacrer deux soirées par semaine à ses loisirs » risque de représenter un coût trop important pour lui. Dans la mesure où le travail est sa seule façon d'exister,

---

[25] BOUTINET « Anthropologie du projet » (PUF – 1996) P.271

il est vital pour lui. Toute démarche visant à l'abandon de cet acharnement au travail représente une mise en danger de son existence. Cet homme se rendra compte de ce danger, il s'en défendra.

Nous avons ici non seulement une erreur dans le choix de l'objectif, mais aussi une mauvaise évaluation de la problématique. Le but serait de permettre à cet homme de vivre aussi des choses passionnantes en dehors de son travail. Mais ça, c'est un projet de vie, et c'est à lui d'en décider. Ce qui peut paraître pour nous un problème, peut, tout en étant source de souffrance et de mal être, servir à protéger d'un mal encore plus important. C'est un symptôme protecteur qui permet à la personne d'en tirer des bénéfices malgré la souffrance que ça engendre.

Les objectifs sont établis en fonction de l'âge et des capacités de la population. Savent-ils prendre des initiatives ? Quel est leur degré d'autonomie ? A quel niveau se situent leurs prises de décisions ? Quel est le degré de développement de leurs aptitudes ? Quelles sont leurs facultés d'évolution ?

Si nous reprenons l'exemple de Valérie, les objectifs généraux constituent les buts à atteindre pour la confronter à la réalité.

Ce sera par exemple :

- mise en contact avec le monde du travail,
- la rendre plus sociable,
- sensibilisation aux tâches ménagères.

Ce type d'objectif ne garde son sens, que s'il s'inscrit dans une démarche d'action bien précise. Il sera complété par des objectifs secondaires et des moyens mis en place comme nous le verrons dans les prochains chapitres.

LES OBJECTIFS GENERAUX
Les objectifs généraux indiquent une direction générale. Nous en distinguons différents types : Famille, scolarité ou orientation, projet de vie, comportemental, autonomie, psychologique, santé, relations, socialisation, épanouissement personnel.

PRISE DE CONSCIENCE DE LA PROBLEMATIQUE ET PREPARATION AU CHANGEMENT

HYPOTHESE EDUCATIVE

PROBLEMATIQUE

OBSERVATIONS DIRECTES ET INDIRECTES SUR TROIS NIVEAUX

7 - LES OBJECTIFS SECONDAIRES OU OPERATIONNELS

Les grandes lignes d'action définies par les objectifs généraux se doivent de devenir opérationnelles. Elles le seront grâce aux objectifs secondaires qui seront des objectifs concrets et mesurables avec des échéances. Rédigés clairement et brièvement ils seront modulables et exprimés positivement. A ce niveau l'adhésion de la personne au projet doit être acquise. L'objectif secondaire doit être géré par la personne concernée, sous son contrôle. Si le handicap est trop lourd ou si l'enfant n'a pas encore atteint un stade d'évolution suffisant pour assumer la participation à son projet, l'éducateur se tournera vers une personne qui représente les intérêts de l'enfant ou de la personne handicapée : parents, référent social. Je propose ici un exemple en dehors de notre contexte pour permettre une meilleure compréhension.

Jean a parcouru plus de 10 kilomètres en voiture sur un chemin en forêt. Il est presque parvenu à destination lorsqu'il est bloqué par un tronc d'arbre tombé en travers du chemin. Il décide de déplacer l'obstacle pour pouvoir continuer sa route. Le tronc est trop lourd. Il faudrait être deux. Il aperçoit un bûcheron, il lui demande de l'aide. Celui-ci refuse et répond à Jean qu'il a déjà trop de retard et qu'il ne peut perdre son temps.

Dans cette situation, Jean a un objectif général qui est de rentrer chez lui au plus tôt. C'est pour cela qu'il a pris ce raccourci. Un obstacle se présente devant lui. Pour parvenir à son but, il doit atteindre l'objectif de déplacer l'obstacle suffisamment pour laisser le passage à sa voiture. Cet objectif est concret. Jean saura qu'il l'a atteint lorsqu'il constatera que l'espace est suffisant sur le chemin pour laisser passer son véhicule. Il est donc mesurable. Il est également exprimé positivement. Jean ne dit pas «ce tronc ne doit plus être là» mais «ce tronc doit être déplacé», ce qui l'aide dans l'orientation de son action. Il dépend entièrement du sujet qui pense au départ pouvoir le déplacer seul. Malheureusement cette estimation est mauvaise. Le tronc est plus lourd que prévu. Il a besoin de l'aide du bûcheron. Selon l'approche stratégique, il développera une stratégie pour obtenir cette aide. Celle-ci ne consiste plus à viser l'objectif de déplacer l'arbre, mais à atteindre un nouvel objectif qui contribuera à obtenir la collaboration du bûcheron. Ce qu'il met en place dépend de lui, mais il ne maîtrise pas la décision de l'autre. Il pourra essayer de supplier, de menacer, de contraindre. Peut-être que l'une des stratégies fonctionnera, lui permettant alors d'atteindre le précédent objectif. Si cela ne fonctionne pas, il devra se résoudre à trouver d'autres moyens (attacher un câble à sa voiture, chercher un levier) ou à changer d'objectif (emprunter un autre chemin).

Les jeux relationnels prennent ici toute leur importance. Il est intéressant de repérer les personnes ressources qui abondent dans le sens du projet ou au contraire celles qui constitueront des obstacles soit par leur opposition, soit par leur indifférence. Ces dernières représenteront une force d'inertie qu'il sera parfois difficile de gérer. Exemple : Le père absent.

Nous découvrirons plus loin l'importance de l'environnement, des alliés lorsque nous aborderons les partenariats.

Le choix de l'objectif

Nous évaluerons la pertinence de l'objectif et sa priorité en fonction de l'intérêt qu'il représente pour la personne suivie. C'est pourquoi une concertation avec plusieurs partenaires de travail est souhaitable. Elle permet d'éviter de choisir un objectif qui viserait en premier lieu les centre d'intérêts de l'éducateur.

Exemple : Il faut permettre à cet enfant d'être plus calme en faisant en sorte qu'il se taise aux repas. Cet objectif apportera t il quelque chose à cet enfant ou permettra-t-il aux éducateurs d'avoir plus de tranquillité ?

Il peut être judicieux de vérifier également si le comportement du sujet est constant, s'il ne subit pas des variations dues à des périodes de perturbation.

Exemple : Pour une adolescente de 15 ou 16 ans, être abandonnée par son petit copain provoque couramment une période de perturbations importantes et passagères.

Il est pertinent de repérer ce genre de détails, car en général ils ne constituent pas une réelle problématique et se résorbent d'eux-mêmes.

La prise en compte des contingences extérieures, de l'environnement, de la famille constituera un critère important dans le choix de l'objectif. Les différents intervenants risquent d'avoir des avis divergents sur la problématique et sur les difficultés à régler. C'est à l'éducateur de faire l'effort de travailler en équipe et de s'efforcer à communiquer d'une manière suffisante pour faire comprendre les options qu'il a choisies. Il importe également de bien choisir le champ d'action et le domaine dans lequel nous allons intervenir.

Exemple : S (15 ans) souffre d'encoprésie. Les premières démarches visent à appréhender la question au niveau psychologique. Une rencontre avec le psychologue est programmée. Nous envisageons un suivi thérapeutique. Un éducateur a eu l'idée d'en parler à l'infirmière qui a proposé un examen médical. Une banale intervention chirurgicale a réglé le problème.

Dans cette situation, une prise en charge thérapeutique aurait pu durer très longtemps pour n'apporter aucun résultat.

Pour que les objectifs soient efficaces, ils doivent nécessiter des efforts de la part du jeune tout en restant accessibles. Des objectifs trop difficiles à atteindre engendrent le découragement. S'ils sont trop faciles, ils ne sont pas stimulants. Ils se doivent de nous amener à vaincre une résistance ou à repousser des limites. Ils seront régulièrement réajustés lors des évaluations.

J'ai remarqué qu'une des plus grandes difficultés pour les éducateurs est de présenter des objectifs concrets et maîtrisables par la personne qui doit les atteindre. Pour de nombreux objectifs, il est impossible de répondre à la question «comment je saurai que l'objectif est atteint » ? Si un objectif n'est pas mesurable, il n'est pas pertinent.

Exemple : *Le projet de Nathalie est le suivant :*
Pour développer son autonomie elle doit se trouver un studio pour avril 98. Au niveau de la scolarité, elle vise le bac et prévoit de passer le BEP en juin. Pour améliorer ses comportements et mieux s'intégrer dans le groupe, elle doit laisser aux autres la possibilité de s'exprimer.

Nous constatons dans ce projet, que les objectifs se rapportant à la scolarité et à l'autonomie sont concrets et ont fonctionné. Nathalie a atteint ses objectifs et l'évaluation en a été faite lors de la réunion de synthèse. Par contre l'objectif comportemental n'a pas été abordé et a été évacué. Cela s'explique dans la mesure où il n'est pas concret, donc pas évaluable. Cet objectif n'est pas mesurable. Il entre dans la catégorie des objectifs généraux. Il faut lui trouver un ou plusieurs objectifs secondaires. Dans mon travail d'observations je me suis basé sur des faits concrets. Ce sont ceux-ci qui m'ont permis de cerner la problématique comportementale de Nathalie. De la même manière, j'essaierai de déterminer quelles seront les observations concrètes qui me permettront de constater le changement désiré.

Cela peut être : Etre capable en une ou deux phrases d'exprimer ce qu'a dit une fille à table, démontrant ainsi qu'elle a écouté. Voici quelques exemples d'objectifs opérationnels :

- *Valérie ira faire un stage en pouponnière aux prochaines vacances.*

*- Elle participera à un chantier de jeunes en août.
- Elle se trouvera une amie d'ici un mois.
- Elle apprendra à composer trois menus, faire les courses et les préparer pour les prochaines vacances.
- Elle devra être capable de ranger sa chambre et de la nettoyer d'ici un mois.
- Retourner chez son père un week-end d'ici aux prochaines vacances.
- Avoir 12 de moyenne au prochain trimestre.
- Participer à l'entraînement de basket une fois par semaine toute l'année scolaire.
- Réussir à passer une journée sans prononcer de grossièreté d'ici la fin du mois.
- Un jeune handicapé apprendra à préparer ses appareillages seul.
- Savoir manipuler et se déplacer avec un fauteuil électrique.*

Je vous propose ci-dessous des petite exercices qui vous permettront de vous entraîner.

➔ Exercice 1 :

Essayez de formuler des objectifs généraux qui peuvent correspondre aux secondaires ci-dessus.

➔ Exercice 2 :

Complétez la liste des objectifs que vous imaginerez selon le modèle ci-dessous.

LISTE D'OBJECTIFS	
OBJECTIFS GENERAUX OU BUTS	OBJECTIFS SECONDAIRES OU OPERATIONNELS
Maigrir	Perdre 6 kg d'ici un mois
Améliorer résultats scolaires	Obtenir 10 de moyenne/fin trimestre

L'objectif doit être maîtrisable par la personne concernée. Si Valérie décide d'avoir 10 de moyenne, c'est parce que c'est d'elle que dépend la réussite. C'est elle qui pourra mettre en place les moyens d'y parvenir.

Ce n'est pas le cas pour Anne-Sophie dans l'exemple suivant :

Objectif général : faire évoluer son image aux yeux de sa mère.

Objectif secondaire : amener sa mère à avoir un discours positif sur elle.

Anne-Sophie ne maîtrise pas le discours de sa mère. Cet objectif concernerait plutôt la mère dans un travail de prise en charge de la famille. Si Anne-Sophie désire conserver le but de revaloriser son image auprès de sa mère, elle ne peut y parvenir qu'en prenant en compte les critères définis par sa mère et qui correspondent à une bonne image. A partir de ces critères elle pourra se fixer des objectifs personnels en espérant que sa mère remarquera les changements et ne soit pas trop imprégnée dans un fonctionnement où elle aurait besoin de dévaloriser sa fille.

Exemple : Il est important pour la mère que sa fille sache tenir une maison. Anne-Sophie peut décider d'apprendre à repasser le linge et à cuisiner.

Mais si la mère désire à tout prix dévaloriser Anne-Sophie, elle trouvera que la cuisine est trop ou pas assez cuite, trop ou pas assaisonnée, qu'elle salit autour d'elle ou qu'elle gaspille. Elle fera remarquer à sa fille que le linge n'est pas repassé à sa convenance.

Les objectifs se succèdent dans le temps et certains les classent à court, moyen ou long terme. Ca n'est pas une obligation, mais cela peut être utile lorsque des sous objectifs permettront d'en atteindre des plus importants.

Exemple : Aline souhaite aller en appartement. Cet objectif peut être réalisable d'ici une année. Auparavant, elle devra apprendre à préparer ses repas seule et à gérer son budget.

Des échéances seront fixées pour chacun d'entre eux. Elles sont importantes, car elles se situent comme des jalons qui nous permettront de nous repérer et d'organiser les évaluations. Dans la mesure du possible, il est préférable d'opter pour des échéances naturelles.

Nous ferons le point avec Aline dans trois mois. Comment parviendra-t-elle d'ici là à composer un menu, effectuer ses achats et préparer le repas ? Durant cette période elle a eu à gérer son argent de poche, d'habillement et un budget supplémentaire pour ses dépenses d'hygiène et de loisirs. Comment s'est-elle débrouillée ? Pour les trois mois suivants, si les résultats sont positifs nous lui confierons en plus la responsabilité de ses dépenses alimentaires.

LA CONFUSION OBJECTIFS GÉNÉRAUX ET OBJECTIFS SECONDAIRES.

Pour certains, obtenir un diplôme est un objectif général qui sera atteint grâce à une succession d'objectifs secondaires (passage d'une classe, admission dans une école, etc.). Il s'agit en fait d'une confusion entre objectifs généraux, secondaires, intermédiaires, à court, moyen et long terme. Je rappelle que l'objectif général indique une direction (ex réussir une formation d'esthéticienne) tandis que les objectifs secondaires correspondent à du concret (ex : passage en terminale, obtention du bac, admission dans une école d'esthétique, obtention du BTS). Nous avons vu dans les exemples ci-dessus que pour atteindre l'objectif qui permettra d'affirmer que Gaëlle a réussi sa formation d'esthéticienne, c'est à dire l'obtention du BTS, il lui faudra passer par plusieurs objectifs intermédiaires, le passage en terminale, l'obtention du bac, l'admission dans une école. Il s'agit bien d'un ensemble d'objectifs secondaires ou opérationnels qui contribueront à la réussite de la formation d'esthéticienne.

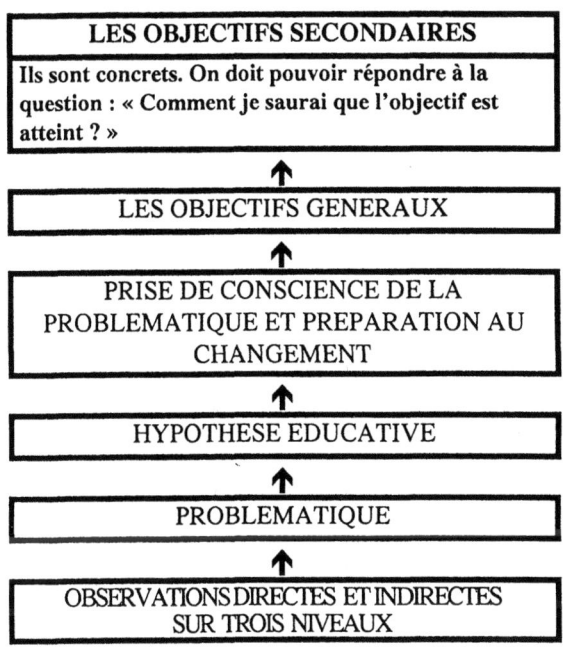

8 - LES MOYENS

Les moyens dépendent des objectifs. Il ne faut pas négliger leur importance. Sans eux les objectifs ne peuvent être atteints. Ils sont au service du projet. Ils doivent être souples et adaptables en fonction des besoins. Il importe de ne pas les confondre avec les objectifs. Poser les moyens d'emblée entraîne le risque de ne pas apporter la bonne réponse. Nous trouvons les illustrations les plus fréquentes dans l'aide au travail scolaire.

Exemple : Pendant les vacances, les éducateurs ont décidé d'aider Philippe à obtenir de meilleurs résultats au trimestre suivant. Chaque jour une heure de travail scolaire est programmée. L'enfant refuse, l'éducateur s'énerve et consomme beaucoup d'énergie à maintenir la décision prise en équipe. C'est le conflit, les larmes, les cris, les punitions. Philippe refusait de travailler car il déteste l'école et tout ce qui s'en rapproche. Il aurait préféré bricoler à l'atelier ou réparer son vélo. Dans ce cas, le besoin de Philippe correspond plus à un travail de réconciliation avec l'école. Le moyen utilisé a été performant pour obtenir l'effet inverse et renforcer Philippe dans son rejet de la scolarité.

La recherche des moyens adaptés nous permettra de répondre à la question "comment ?", après avoir formulé chaque objectif.

Exemple : Si la finalité d'un projet est "passer de bonnes vacances pour me sentir en forme à la rentrée", l'objectif général sera "un séjour en montagne cet été". Il en découlera plusieurs objectifs opérationnels : réserver un appartement avant fin janvier, être à Chamonix pour le 10 juillet.

    ✎ Comment m'y prendrai-je pour faire ma réservation ?
✗ Je téléphonerai à une agence et je verserai une avance.

    ✎ Comment irai-je à Chamonix ?
✗ J'utiliserai ma voiture ou je réserverai des places dans le train.

Nous procéderons de la même manière pour le projet de Valérie.

✎ Comment Valérie parviendra-t-elle à retourner un week-end chez son père ?
    ✗ Elle lui téléphonera, elle écrira et demandera à l'éducateur de le rencontrer.

✎ Comment fera-t-elle pour avoir 10 de moyenne au prochain trimestre ?
    ✗ Elle mettra en place un calendrier et un plan de travail avec les éducateurs.

✎ Comment s'y prendra-t-elle pour fréquenter le basket régulièrement ?
    ✗ Elle ira s'inscrire. Elle se promettra une récompense si elle y parvient et elle demandera qu'on lui rappelle ses engagements.

✎ Comment réussira-t-elle à être polie toute une journée ?
    ✗ Elle notera chaque jour sur une feuille les grossièretés prononcées, jusqu'à ce qu'elle se couche avec une feuille vierge.

✋ Comment fera-t-elle pour se lier d'amitié avec une fille du groupe avant Noël ?

× Elle lui achètera un cadeau. Elle organisera une sortie avec elle.

Exercez-vous à trouver des moyens pour les autres objectifs mentionnés au chapitre 7

ÉVITER LA CONFUSION ENTRE OBJECTIFS ET MOYENS

Jean travaillait dans la grange lorsqu'une poutre s'est effondrée. Il est coincé sous celle-ci. Il appelle son fils de treize ans et lui demande d'aller chercher une hache dans la remise pour qu'il puisse se dégager. Le garçon affolé court vers la remise. La porte de celle-ci est fermée avec un cadenas Le fils de Jean reste quelques secondes déconcerté. Il regarde autour de lui. Il prend la hache qui est posée contre le mur et commence à frapper sur le cadenas. Il frappe deux trois coups, s'arrête, regarde la hache et part en courant vers la grange.

L'objectif pour le garçon est d'apporter la hache à son père. Le moyen d'y arriver, est d'aller dans la remise où il en trouvera une. Devant la porte fermée il se crée un objectif intermédiaire qui lui permettra d'accéder à ce moyen : ouvrir la porte. Pendant quelques instants il oublie que le but est de sauver son père et que l'objectif est de lui apporter la hache qu'il a entre les mains.

C'est ainsi qu'il arrive que les moyens se substituent aux objectifs et amènent le projet vers des orientations totalement divergentes. La nécessité de trouver un moyen crée un objectif intermédiaire qui peut parfois usurper l'objectif de départ.

Exemple : Une association qui a pour objectif la réinsertion de personnes en difficulté a besoin d'argent pour atteindre ses buts. Elle se fixera celui de collecter des sommes d'argent. Toutes les actions menées se mobiliseront dans cette direction au détriment de l'objectif initial.

Certaines associations se constituent de cette façon un patrimoine considérable et n'améliorent guère leur qualité de prise en charge. Le même type de problèmes se retrouve dans les projets individualisé.

Exemple : Evelyne souhaite obtenir un BEP sanitaire et social en deux ans. Elle a des difficultés au collège et il est décidé avec l'éducatrice de l'aider dans son travail scolaire le soir. En très peu de temps le soutien scolaire est devenu l'axe prioritaire dans son projet. Des contraintes lui sont imposées sous prétexte qu'elle doit respecter ses engagements, à savoir travailler au minimum deux heures chaque soir dans sa chambre. Lors des évaluations, c'est la capacité d'Evelyne à travailler seule le soir qui est évaluée.

Il importe également de distinguer les moyens des conditions à remplir. Elles représentent une étape à franchir avant d'atteindre le but. Elles engendrent également des objectifs intermédiaires.

Exemple : Les éducateurs veulent aider Alex à poursuivre sa scolarité. Les objectifs sont :
- *Passage dans la classe supérieure en juin*
- *Avoir 11 de moyenne pour la fin du trimestre*

Pour atteindre ce deuxième objectif, seront mis en place un système de contrôle des devoirs et leçons. Le garçon bénéficiera une heure de soutien individualisé avec un bénévole

Dans cet exemple, l'augmentation de la moyenne est la condition à remplir pour franchir le passage de classe. L'objectif intermédiaire sert soit à trouver le moyen nécessaire soit à remplir les conditions pour atteindre l'objectif principal. Dès que son rôle est rempli, il doit immédiatement céder la place à celui-ci.

L'exemple du travail scolaire me paraît significatif car je l'ai souvent rencontré, même dans les projets de groupe ou d'établissement dans lesquels il devenait la priorité absolue. En entreprise, si la qualification prime au moment de l'embauche, pour y rester ça n'est pas le diplôme qui domine, mais les capacités à répondre aux demandes de l'employeur. Un jeune pourra toujours acquérir des qualifications grâce à la formation continue, mais s'il n'a pas un minimum de rigueur dans sa façon de vivre, il risque de devenir un bon chômeur diplômé. La scolarité est aussi, et je dirais même est avant tout un apprentissage à cette rigueur qui implique de ne pas s'absenter au moindre malaise, de respecter des horaires, de tenir des échéances, d'avoir des comportements et des attitudes adéquates. Le soutien scolaire est un moyen pour permettre de développer le goût du travail, la rigueur du comportement et les connaissances. Il n'est pas un objectif et il est possible dans certains cas qu'il soit remplacé par d'autres méthodes au service des mêmes buts. Il peut être aussi évidemment, un moyen d'aider un jeune par rapport à une ou plusieurs difficultés cognitives.

Objectif et moyen peuvent être inversés dans le cas de deux objectifs individualisés différents.

Exemple : Christian est fatigué. Il a besoin de se détendre. Pour cela, il décide de prendre quelques jours de vacances à Nice. Pour atteindre l'objectif de Nice, il utilisera sa voiture. Philippe également a besoin de se détendre. Pour cela il a besoin de rouler en voiture. Comme il n'est pas très stimulant de tourner toujours autour du même rond point, il décide d'aller à Nice.

Dans la première situation, pour Christian, la voiture est un moyen qui lui permettra d'arriver à Nice. Dans la deuxième pour Philippe, c'est le trajet pour Nice, qui est un moyen pour lui permettre de rouler en voiture. Cette inversion possible est souvent une des causes de la confusion entre les objectifs et les moyens. Les éducateurs ont souvent des exemples dans lesquels l'un était placé avant l'autre et vice versa.

Nous avons vu que le choix des objectifs sera déterminé en fonction de l'évaluation des contraintes et des ressources, des gains et des coûts. L'inventaire des moyens dont nous disposons sera nécessaire pour vérifier la faisabilité. Nous déterminerons des priorités. Nous imaginerons la procédure à suivre et où elle mènera pour nous aider à développer la stratégie. Nous serons attentifs à la répartition des rôles en déterminant «qui fait quoi». Le schéma que nous élaborons depuis le début de ce livre constitue maintenant un tronc bien solide sur lequel nous ajouterons par la suite différentes branches. Vous pourrez d'ailleurs vous mêmes en ajouter. A partir de maintenant vous pouvez exercer la pratique des projets individualisés. Vous possédez les bases nécessaires. Au fur et à mesure vous affinerez votre façon de faire et vous pourrez vous perfectionner en utilisant les diverses branches de l'arbre du schéma que nous allons étoffer avec vous dans la suite de cet ouvrage. Vous êtes comme l'utilisateur d'un traitement de texte qui connaît les bases minimums pour s'en servir et qui découvrira progressivement les diverses applications. Nous aborderons donc maintenant les notions de participation de l'usager et de sa famille, ainsi que les partenariats et le travail en équipe. Nous définirons ensuite les moyens d'évaluations.

LES MOYENS
Ils permettent d'atteindre les buts. On doit pouvoir répondre à la question « comment je vais faire pour atteindre l'objectif ? ». Attention à la confusion moyens/objectifs.

↑

LES OBJECTIFS SECONDAIRES

↑

LES OBJECTIFS GENERAUX

↑

PRISE DE CONSCIENCE DE LA PROBLEMATIQUE ET PREPARATION AU CHANGEMENT

↑

HYPOTHESE EDUCATIVE

↑

PROBLEMATIQUE

↑

OBSERVATIONS DIRECTES ET INDIRECTES SUR TROIS NIVEAUX

9 - LA PARTICIPATION DU SUJET

Il n'est pas simple d'exprimer des objectifs concrets dans un projet aussi longtemps que celui-ci n'est pas en mesure d'être opérationnel. Cela nécessite la participation de la personne concernée. Jusqu'aux objectifs généraux il est possible, même raisonnable qu'un travailleur social en situation d'aide envisage un projet pour une personne. Ensuite, il me paraît inconcevable de mettre en route un projet sans obtenir la collaboration de celui ou celle qui est directement concerné. Pour Georges OLTRA[26] «tout individu ou tout groupe qui réussit est un être individuel ou social qui s'est donné un projet, qui se projette». Cela sous-entend de passer du désir à l'action, de se donner. Pour entrer dans une telle démarche, il ne peut y avoir de contrainte. C'est au sujet de prévoir l'évolution de son projet, de le gérer. Comme le précise Jean Marie BARBIER[27] la démarche de projet présente l'intérêt de faire produire par l'acteur concerné lui-même son propre changement à travers la production du changement social, tant dans ses aspects de conception que de réalisation.

Nous avons vu quelles étaient les étapes qui menaient la personne vers le changement. C'est la première démarche de

---

[26] Georges OLTRA « Evaluation de projet : la dimension du sens ».
[27] Jean Marie BARBIER « Elaboration de projets d'action et planification « (PUF – 1991) P.157

participation qui est incontournable et qui se prolongera pleinement dans une démarche participative qui permettra à la personne de s'approprier pleinement son projet. Vouloir à toute force établir des objectifs secondaires alors que ces trois étapes ne sont pas franchies risque d'entraîner une déperdition d'énergie importante pour des résultats médiocres. Il faut être capable d'apporter cette argumentation dans les écrits envoyés à l'extérieur.

Exemple : Corinne est issue d'un milieu asocial alcoolisé. Elle a des comportements marginaux conformes aux valeurs familiales. L'hypothèse éducative dont découle son projet propose des confrontations aux réalités de la société pour lui permettre de se démarginaliser. Pendant que l'éducateur cherche à l'orienter vers ce but, elle exprime son souhait d'aller vivre chez sa grand-mère. Ceci est impossible vu l'âge avancé de cette personne et son état de santé. Corinne n'a pas encore réalisé que les comportements qu'elle développe sont limitatifs pour elle. Elle ne se soucie gère d'être confrontée aux réalités. Elle n'a pas encore atteint le stade de la prise de conscience de la problématique. L'éducateur qui persistera à mettre en place des objectifs pour confronter l'adolescente à la réalité, gaspillera beaucoup d'énergie. Il essaiera donc de trouver un point de rencontre avec elle pour œuvrer dans la même direction. Lors d'une réunion de synthèse, il a été souligné que Corinne ressentait le besoin de conformité et d'affection. Il était important pour elle d'être reconnue, d'entendre que ce qu'elle faisait était bien. C'est au niveau de ce critère que se situera la démarche de l'éducateur qui consistera à permettre à Corinne de prendre conscience de la nécessité d'adapter ses comportements aux réalités, si elle veut être reconnue.

Le projet de Corinne s'orientera dans deux directions :

- *Pour être en conformité elle doit adapter ses comportements aux réalités.*
- *Pour répondre à son besoin d'affection les éducateurs l'accompagneront plus dans les actes de la vie quotidienne.*

A partir de là, il sera possible de mettre en place des objectifs opérationnels.

Il importe pour l'éducateur de repérer les critères de la personne suivie et d'établir une hiérarchie de ceux-ci. Comme leur influence sur les comportements est considérable, il sera plus facile d'orienter ceux-ci vers des stratégies plus gratifiantes pour le sujet. Plus un critère est élevé dans la hiérarchie, plus son impact sur les comportements sera important. La connaissance des critères permet également d'accéder à une meilleure compréhension du comportement. Il peut alors être envisagé de modifier ceux d'une personne pour l'amener à changer d'attitudes.

Pour modifier un critère, il suffit de se référer à sa propre hiérarchie et de lui démontrer en s'appuyant sur le critère supérieur, que celui du dessous ne contribue pas à le satisfaire.

Exemple : L'échelle des critères de Sophie est la suivante :
- *Connaître le bonheur*
- *Vivre une vie de famille*
- *Avoir un enfant*

Sophie va s'accrocher au premier garçon venu pour avoir un enfant. C'est en travaillant sur les valeurs familiales que l'éducateur pourra la convaincre que son projet d'avoir un enfant est prématuré.

Dans cet exemple, il importe de faire le lien avec les différents critères de l'échelle pour que la jeune fille puisse prendre conscience de son erreur. Habituellement le travail est fait à partir de considérations personnelles de l'éducateur (*Tu es trop jeune, tu n'auras pas les moyens, ton enfant risque d'être placé...*)

Aucun lien n'est fait avec le critère supérieur de la personne, qui variera évidemment en fonction de chaque individu.

En accompagnant la personne, nous lui permettons d'être le propre sujet de son histoire. Les objectifs inclus dans le projet sont les siens. Il est fort possible qu'elle n'en ait pas à proposer dans un premier temps. L'éducateur pourra toujours apporter ses idées en acceptant le risque de se les voir remplacées au cours de l'évolution du projet. Avec persuasion et autorité il s'efforcera d'être patient, et tenace. Il déléguera une partie de son pouvoir à l'enfant. Il favorisera la prise d'autonomie, les possibilités d'agir et de prendre des initiatives. Le jeune a la possibilité d'exprimer son accord ou son désaccord avec les éléments qui contribuent à forger son avenir, il est le premier concerné. Il décide lui-même des orientations de son projet et participe au choix des objectifs et des différents moyens. En cas de désaccord, l'éducateur saisira l'opportunité pour discuter et négocier avec le jeune. Il s'efforcera d'utiliser un langage simple et compréhensible pour l'usager et sa famille. La discussion est l'élément préalable à toutes les décisions. Les besoins de l'adolescent sont pris en compte. L'éducateur s'efforce de trouver une concordance à ce sujet entre son avis et celui du "client". C'est une manière pour l'éducateur d'élargir la marge de liberté des jeunes en fonction de la capacité qu'ont ceux-ci à la gérer. Les enfants ne sont pas toujours capables d'exprimer clairement leurs objectifs ou leurs désirs de manière verbale. C'est par les observations et leurs analyses que nous tenterons de les repérer.

La démarche participative implique également que durant la négociation préalable à la mise en place du projet individualisé, l'éducateur pourra saisir l'opportunité des désirs exprimés par l'enfant et les prendre en compte. Cela ne veut pas dire qu'il faut répondre positivement à toutes les sollicitations de celui-ci, mais de montrer qu'il est à l'écoute, et qu'il a entendu la demande qu'il réintroduit dans la négociation. Un droit de déviance est accordé au jeune. On ne lui demande pas de remplir un contrat, de respecter impérativement des engagements. On accepte que l'usager fasse des erreurs ou change d'avis.

En fait, la participation est basée sur une discipline rigoureuse, fondée sur un petit nombre de valeurs partagées. Par le biais des diverses expérimentations vécues au quotidien nous aiderons la personne à accéder véritablement à l'autonomie.

Exemple de négociation : Jacques est un adolescent de quinze ans. Dans son projet l'éducateur a fixé comme objectif général de développer ses capacités manuelles. L'objectif secondaire qu'il propose, est de lui apprendre à tapisser avec l'homme d'entretien pendant les vacances de février. Jacques n'est pas intéressé. Il répond qu'il doit réparer le vieux vélo qu'il vient d'acheter. Si nous nous référons à l'objectif général, nous constatons que le projet de Jacques est compatible. Dans la mesure où le jeune et l'adulte sont d'accord sur le but fixé, l'éducateur peut abandonner l'objectif qu'il a prévu au profit de celui du garçon.

Cette attitude implique que l'éducateur renonce à son orgueil et à l'autoritarisme, qu'il se rappelle qu'il n'est pas le maître du destin d'autrui dont les sacro-saintes expériences et valeurs seraient les seules références.La modestie qui permettra de nous mettre au niveau des jeunes en étant capables de nous émerveiller de leurs aptitudes correspond plus à une démarche participative.

L'objectif du jeune ne se rattache pas toujours à un objectif général. Faut-il pour autant le négliger ? Est-il négociable ? Nous réalisons qu'il y a plusieurs niveaux de rencontre. Plus ceux-ci seront élevés, plus il y aura de chances de réussite. C'est pourquoi il ne faut jamais hésiter à parler franchement avec la personne de sa problématique. Parfois cela est impossible, les blocages sont trop résistants. La prise en charge collective et les activités peuvent alors se révéler des moyens très précieux.

Nous pouvons ainsi considérer que le fait de réparer un vélo n'est pas un objectif du projet individualisé. Cela rentrerait plutôt dans les activités. Pour être intégré dans le projet du jeune un objectif doit entraîner des changements qui augmenteront ses ressources. L'objectif doit permettre une évolution. Le fait que le vélo soit réparé, ne change en rien l'individu. En revanche "apprendre à réparer des vélos", ce peut être une démarche qui augmentera les capacités manuelles de l'adolescent. Il est ainsi beaucoup plus facile de reconstituer le projet. L'objectif général sera : améliorer les capacités manuelles, avec pour objectif secondaire : apprendre à réparer les vélos ou mieux encore, apprendre à changer un frein sur un vélo.

Le projet individualisé doit rester la propriété du jeune et c'est lui qui doit se l'approprier, non pas l'adulte. Pourtant la tentation est grande à travers la multitude d'événements qui surviennent dans un établissement. L'exemple de Sylvie me parait révélateur par rapport aux tentations que nous avons de nous emparer du destin des jeunes :

Un soir lors d'une conversation avec l'éducatrice, Sylvie (18 ans) lui confie qu'elle a subi des attouchements de la part de son beau-père avant d'être placée. L'éducatrice parvient à décider Sylvie à déposer une plainte au commissariat. Quelques jours plus tard la jeune fille ne veut plus porter plainte et ne souhaite plus parler de ce sujet.

Que s'est-il passé ?

En fait, une jeune désire simplement parler de son vécu. Mise en confiance par l'écoute de l'éducatrice, elle évoque une expérience douloureuse qu'elle a subie. Elle a seulement besoin d'en parler, de rien d'autre. Aussitôt la machine se met en branle... Au nom de la sacro-sainte communication en équipe, l'éducatrice en parle à ses collègues. Le chef de service, le directeur sont informés. On ne sait pas trop quoi faire, on en parle à la psychologue, au psychiatre. Il est bon également de transmettre l'information à la référente sociale qui ne peut garder ça pour elle (c'est trop grave) et transmettra à l'inspecteur. Pendant ce temps dans l'établissement on a donné un compte rendu à taper à la secrétaire. On prévient le veilleur de nuit au cas où l'attitude de Sylvie serait équivoque (pauvre petite elle a dû en garder des séquelles) ou pour lui éviter à lui simplement d'avoir des attitudes qui pourraient...

Tiens ! On a oublié de prévenir la femme de ménage.

Et l'éducatrice renchérit : "Qu'est ce que tu vas faire Sylvie ? Il faut porter plainte ! Viens, je t'emmène au commissariat". Voilà Sylvie qui se retrouve devant un inspecteur de police installé derrière une machine à écrire : Nom ? Prénom ?

Heureusement le policier n'a pas été sensibilisé par les journées départementales sur l'inceste (il n'a pas été invité). Il a l'habitude des aveux hâtifs. Il propose à la jeune fille de réfléchir

et de revenir plus tard pour signer son P.V. Et l'équipe de rugir : "Quel imbécile ce flic ! Elle a déjà eu tant de mal à faire la démarche d'aller au commissariat une fois. Il lui sera impossible d'y retourner !
Et Sylvie ?

Ce qu'elle veut Sylvie, c'est sa tranquillité. Elle cherchait simplement à se confier dans l'intimité.

Il peut y avoir un désaccord complet entre l'éducateur et le jeune sur le sens du projet. Il est possible aussi qu'un adolescent ait besoin d'un peu de temps pour le définir. Dans ce cas, mieux vaut ne pas se précipiter et attendre que les conditions soient plus favorables. Faire à tout prix un projet parce qu'il faut un projet, cela n'a pas de sens. Il n'y a pas toujours de problème à régler ou ceux-ci ne sont pas immédiatement perceptibles, en particulier lorsque nous répondons aux demandes urgentes d'hébergement et de prise en charge. Par contre, pour tout être humain, il y a des changements possibles pour parfaire son éducation ou son épanouissement.

Souvent des projets sont laissés en attente, le temps que le jeune s'oriente vers de nouveaux objectifs. Imposer des objectifs est inefficace. Notre expérience nous montre bien que toute tentative dirigiste n'obtient qu'une adhésion simulée de la part du sujet. La démarche persuasive plus intéressante demande beaucoup d'énergie et décourage souvent les éducateurs aux vues des résultats obtenus. Inspiré par les théories de Kurt Lewin,[28] je suggère d'utiliser la méthode d'engagement. Par le biais de quelques actes préparatoires qui demandent peu de temps, l'engagement des personnes sera plus probant. Cette démarche fonctionne très bien en harmonie avec la prise en charge collective.

---

[28] Kurt LEWIN : Chercheur à l'institut of technology de Cambridge.

Exemple : Un éducateur se dépensera beaucoup à obtenir des adolescents qu'ils rangent leur chambre. Ceux-ci pourtant reconnaissent que l'éducateur a raison et sont tout à fait disposés à s'y mettre à l'issue de la discussion. En fait, très peu le font, mis à part ceux qui en ont déjà l'habitude. Si par contre, l'éducateur demande aux jeunes qui sont d'accord pour ranger leur chambre de lever la main, il constatera que le nombre de chambres rangées sera multiplié par deux ou trois. Le fait de lever la main constitue un engagement de la part des personnes concernées.

Lorsque les personnes accompagnées fixent elles-mêmes les objectifs secondaires, les moyens et les échéances, elles entrent dans ce même processus de l'engagement. En fait, le sujet commence par adhérer à la décision qu'il a prise avant d'adhérer au projet lui-même.

Il importe de prendre le temps de définir le projet, de le laisser évoluer, de l'évaluer, de le réactualiser en l'élargissant éventuellement. Un projet est vivant et poursuit une évolution.

La participation peut aussi se concrétiser à travers les différents actes qui font partie du placement. Un adolescent en fonction de son niveau doit pouvoir lire le compte rendu de sa synthèse, avoir accès à son dossier, participer à l'organisation de son audience au tribunal avec la possibilité d'avoir un entretien individuel avec le juge. Il accompagnera l'éducateur aux réunions de parents. Faire participer le sujet à l'observation de ses comportements apportera des informations plus complètes. Lui seul peut faire le lien entre une attitude qu'il a adoptée et ce qu'il a ressenti. Il connaît le cheminement de sa pensée. Lui faire remplir une fiche sur laquelle il exposera les processus qui l'ont amené à opter pour un comportement qu'il a envie de changer l'impliquera plus dans la démarche et le rendra encore plus acteur.

L'implication au quotidien dans les actes qui le concernent amènera le jeune à vivre son projet et à le faire vivre. Dans le cas contraire, l'exemple d'Eric nous montre ce qui se passe :

Je parle à Eric de son projet. Il m'affirme ne pas être au courant. Je lui énumère les objectifs qui y sont mentionnés. Ca ne lui rappelle rien à l'exception de l'objectif qui concerne la propreté corporelle et vestimentaire. Je me pose la question de savoir s'il a été fait appel à la participation du jeune. De toute évidence il ne s'est pas approprié son projet.

Un manque de suivi au quotidien ne permet pas de maintenir la pression, et le projet est oublié par le jeune.

Il est évident que la participation sera modulée en fonction de l'âge ou de la nature du handicap. Un enfant de sept ans ne participera pas de la même façon qu'un adolescent de dix sept. De même, la nature d'un projet sera différente dans une MECS ou dans un IME. La question se pose souvent de fixer les limites et les possibilités de la participation. Celle-ci est à mesurer en fonction de chaque cas et du potentiel de capacités qu'il laisse apparaître. Cela se fait naturellement dans une famille où l'on accorde plus de prérogatives aux aînées qu'aux plus jeunes. Au fur et à mesure que s'étend la marge de liberté, les exigences et les devoirs à accomplir augmentent.

Il arrive qu'un jeune ne veuille pas de projet ou qu'il estime que tout va bien et qu'il n'en a pas besoin. Il est inutile de se précipiter en voulant lui en imposer un coûte que coûte. Le temps travaille pour nous, et nous saisirons les opportunités qui ne manqueront pas de se présenter pour créer la motivation. Certains enfants ne sont pas prêts pour le projet. Ils ont besoin momentanément de se noyer dans le groupe. Il est possible aussi d'utiliser par exemple l'approche paradoxale et de répondre au jeune : "D'accord ! J'ai bien compris que ton objectif est de ne pas avoir de projet. Quels moyens pouvons-nous trouver pour y parvenir ?" Cependant, ça n'est pas faire un projet individualisé que de vouloir à tout prix en imposer un.

La qualité de la relation entre l'éducateur et "l'éduqué" sera également un facteur non négligeable pour obtenir l'adhésion du jeune au projet et développer sa motivation. Les travailleurs sociaux s'efforceront d'être attentifs et centrés sur l'autre. Ils ne perdront pas de vue qu'un placement engendre souvent des bouleversements dans la vie d'une personne. Ils se souviendront de quelle manière eux-mêmes étaient bouleversés lors des derniers changements dans l'institution. Ils comprendront mieux ainsi quelles bousculades, quels chambardements ils déclenchent chez les personnes qu'ils prennent en main. La relation avec l'usager sera de meilleure qualité si l'éducateur se montre capable d'écouter et d'accepter les arguments de l'autre. Les reformuler permet de lui faire savoir que nous l'avons bien entendu. L'éducateur n'hésitera pas à exprimer ce qu'il ressent pour faire connaître à l'autre l'effet de ses comportements. Le projet sera rédigé dans un langage simple et compréhensible pour l'usager, son représentant ou sa famille.

Ce qui importe en priorité, est de trouver un point de rencontre à un moment donné entre le projet de l'éducateur pour le sujet et le projet de celui-ci pour lui-même. Cela peut se situer au niveau de l'hypothèse éducative ou d'un objectif général ou d'un objectif secondaire. Peu importe pourvu qu'il y ait possibilité à un moment donné de regarder ensemble dans la même direction.

PARTICIPATION DU SUJET
- Prise en compte des critères de la personne.
- Vérifier comment elle se situe dans les trois étapes de la préparation au changement.
- Dialogue, négociation.
- Prise en compte des besoins.
- Ecoute, saisie opportunités.
- Participation adaptée aux capacités de la personne.

LES MOYENS
↑
LES OBJECTIFS SECONDAIRES
↑
LES OBJECTIFS GENERAUX
↑
PRISE DE CONSCIENCE DE LA PROBLEMATIQUE ET PREPARATION AU CHANGEMENT
↑
HYPOTHESE EDUCATIVE
↑
PROBLEMATIQUE
↑
OBSERVATIONS DIRECTES ET INDIRECTES SUR TROIS NIVEAUX

10 - DEVELOPPER LES PARTENARIATS ET LE TRAVAIL EN EQUIPE

Les partenaires des différents types d'établissements sont multiples et contribuent à la constitution de réseaux plus ou moins denses en fonction de l'ouverture sur l'extérieur de chaque institution. Certains sont incontournables, comme les juges, les référents sociaux, les enseignants pour les maisons d'enfants, les entreprises pour les CAT, les juges, les maisons d'enfants, les SEAT pour les AEMO. D'autres ne sont pas indispensables aux fonctionnements des structures, mais peuvent constituer des ressources précieuses dans le cadre de collaborations. Il s'agit des enseignants, des médecins, des élus pour les AEMO ou des structures psychiatriques, les entreprises locales, les associations pour les maisons d'enfants, etc.

Une collaboration fructueuse avec les partenaires permet un accroissement des moyens tendant vers une plus grande efficacité.

Une présentation de quelques-uns uns d'entre eux devrait souligner l'intérêt du travail en partenariat.

LE RÉFÉRENT SOCIAL

Dans la majorité des cas, le placement est sollicité par une assistante sociale ou un éducateur qui tient le rôle de référent social.

Dans le rapport d'activités de la Direction de la famille et de l'enfance adopté par le Conseil général du Pas-de-Calais le 17 avril 1989, le rôle du référent social est défini comme suit :

«La prise en charge des enfants confiés à l'A.S.E. est globale. Elle comprend donc l'ensemble de leurs besoins et de ceux de leurs familles. Il sera défini un programme d'intervention personnalisé pour chacun d'entre eux. Le référent est considéré comme l'un des outils mis en place pour atteindre ce but. Il en est désigné un pour chaque enfant et sa famille, admis dans le service afin d'assurer la coordination des interventions et le suivi du projet à l'extérieur de l'établissement. Il est chargé de suivre l'évolution de la situation et d'être l'interlocuteur des différents partenaires qui participeront à ce projet. Parallèlement, il a pour mission d'intervenir auprès des familles afin de permettre dès que possible un retour de l'enfant dans son milieu, dans les meilleures conditions.»

En principe, si les orientations exposées ci-dessus sont respectées, il y a déjà un projet individualisé mis en place par le référent social. D'ailleurs comment pourrait-il en être autrement puisque le placement n'est pas une fin en soi, mais le moyen d'atteindre un objectif ? Lors de la pré-admission, la problématique, l'hypothèse éducative et les objectifs généraux devraient être déterminés. Malheureusement, c'est rarement le cas, soit parce que le référent n'a pas les moyens de faire ce travail en profondeur, soit parce qu'il vient d'être saisi d'un cas inconnu jusqu'alors par le service. C'est pourquoi nous accordons une grande importance à l'écrit que nous réclamons lors d'une demande d'admission. Le plus détaillé possible, ce document constituera l'observation indirecte qui nous permettra de connaître l'histoire et le milieu de l'enfant afin de nous aider à cerner sa problématique.[29]

Si nous pouvons admettre qu'il n'y ait aucun projet ébauché au moment de la demande d'admission, il nous parait néanmoins souhaitable que le référent social assume son rôle après l'accueil du jeune. Cela se traduit par une participation aux synthèses, des rencontres fréquentes avec les éducateurs, une concertation sur les grandes orientations du projet ou sur les attitudes à prendre lorsqu'il se produit des incidents. Le référent social, comme la famille ne doit pas se sentir dégagé de ses responsabilités envers l'enfant une fois qu'il est placé.

LES TRAVAILLEURS SOCIAUX

Ils sont le plus souvent à l'origine du placement. Ils connaissent la situation et l'anamnèse de l'enfant et de sa famille. Ils constituent pour nous une source d'informations précieuses. Ce sont eux qui accompagnent l'enfant à l'établissement, et le plus souvent nous organisons le placement avec leur collaboration. Il est souhaitable qu'ils puissent par la suite assumer le rôle de référent social et continuer l'accompagnement.

LES JUGES

Que ce soit des placements ASE ou directs, ils sont les décideurs. Ils ont besoin pour cela d'avoir des informations claires et précises. Il est important que l'éducateur responsable du suivi du projet individualisé accompagne les jeunes convoqués en audience. L'établissement les informera des incidents et leur fera parvenir les compte rendus de synthèses Des rencontres avec

---

[29] L'utilisation du logiciel de compétence sociale « Accompagnement Plus » est un moyen de connaître en deux heures ce que l'on met habituellement plusieurs mois à appréhender. Voir la présentation de cette méthodologie au chapitre 21.

certains d'entre eux dans l'établissement ont permis d'apporter des améliorations dans notre partenariat.

LES ENSEIGNANTS ET LES RESPONSABLES DES ÉTABLISSEMENTS SCOLAIRES

Les éducateurs rencontreront régulièrement les enseignants sans forcément attendre qu'il y ait un problème. Ce sont ces rencontres qui permettent d'établir de meilleurs contacts et régler plus facilement les difficultés lorsqu'elles se présentent.

« Démission impossible »   un exemple de partenariat particulièrement pertinent

Au Centre Benoit Labre – ARRAS, il existe une formation interne pour les filles en rupture scolaire. L'encadrement de cette formation est assuré par des éducateurs, mais il n'y avait pas d'enseignant pour la partie scolaire ni pour répondre au respect de la législation sur l'obligation d'enseignement. Une rencontre avec l'inspecteur d'Académie d'Arras en janvier 1997 a permis d'aboutir à un accord par lequel un instituteur à mi-temps était mis à disposition de l'établissement dans le cadre de l'opération orchestrée par l'éducation nationale, «démission impossible». L'objectif était soit de réintégrer des jeunes dans les établissements scolaires, soit d'en empêcher l'exclusion.

L'instituteur prend en charge individuellement ou par petits groupes de deux ou trois des filles de l'établissement qui bénéficient de la formation interne. Il se rend également dans les établissements scolaires pour aider individuellement les filles qui ont de grandes difficultés dans certaines matières. Pendant le cours octroyé à la classe, il reçoit la fille au centre de documentation où il travaille avec elle ses lacunes.

Cette action a permis à une vingtaine de filles en général et à quatre en particulier, de se sentir aidées dans leurs études, là où justement elles éprouvent de grosses difficultés. Le fait que l'instituteur soit mandaté par l'inspection d'Académie a facilité la tâche en ce qui concerne les prises de rendez-vous avec des professeurs, CPE ou Principaux de collèges, en particulier pour les inscriptions en cours d'année d'une jeune fille nouvellement arrivée dans l'établissement ou lors d'une réinscription dans un nouveau collège après une exclusion. Cela a permis également d'intervenir pour éviter des sanctions trop lourdes suite à une bêtise ou une insolence.

LES CONTINGENCES EXTÉRIEURES

La mise en place du projet individualisé ne concerne pas seulement l'éducateur et la personne suivie. D'autres interlocuteurs interviennent avec des buts ou des finalités différents. *Exemple : Sabine pratique l'école buissonnière depuis plusieurs mois. Elle ne supporte plus le climat familial et l'absence d'un père. L'assistante sociale est intervenue par rapport à son absentéisme scolaire. Comme la famille n'a pas d'autorité, elle propose un placement, avec pour objectif d'amener Sabine à suivre un projet professionnel. Sabine adhère au placement, dans la mesure où il lui apporte une alternative à sa situation actuelle. Avec l'aide du psychologue, les éducateurs perçoivent rapidement la souffrance de la jeune fille et pensent nécessaire de lui laisser un peu de temps pour s'adapter et se constituer un nouveau réseau de relations. La jeune fille ne trouvant toujours pas de remède à sa souffrance, s'absente des journées entières, rentre tard la nuit après avoir traîné dans des bars de la ville. Elle amène de l'alcool et de la drogue dans l'établissement. Elle entraîne certaines filles à la suivre. L'ambiance du groupe se dégrade, et l'éducateur qui est seul de service en soirée ne parvient pas à gérer la dynamique de son groupe. Cette situation persiste pendant plusieurs semaines, et l'établissement demande une main levée.*

Nous constatons dans cet exemple qu'il y a des orientations très différentes en fonction du regard qui est posé sur la situation. Pour le demandeur du placement, il s'agit de régler un problème d'absentéisme scolaire. Il y a la référence à la loi, et la scolarité est obligatoire. Le placement vise à faire respecter la loi. Il faut que l'enfant ait un meilleur comportement. La fille, elle, cherche un apaisement, des réponses, de l'affection, un père. Les éducateurs sont bien conscients de cette demande. Pour eux, l'épanouissement du sujet est important, mais ils n'osent pas s'impliquer au niveau affectif (nous sommes professionnels après tout et ça peut être dangereux).

Le travail en réseau est relativement difficile, car nous avons tous une idée approximative de ce que l'autre peut faire. Chacun pense que l'autre peut réaliser des tâches qu'il ne peut en fait assurer. Il nécessite un effort de coordination plus important. Plus il y a d'intervenants, plus la communication est complexe.

A d'autres moments les demandes des différents partenaires seront différentes. L'enseignant attendra de l'élève un respect de la discipline, tandis que l'éducateur se satisfera d'une fréquentation de l'établissement scolaire dans un premier temps. Le travailleur social envisagera le placement pour que l'enfant ait un meilleur comportement, tandis que l'éducateur pensera à faire apparaître et épanouir le sujet, tandis que pour l'établissement ou l'association il est important que l'institution vive. Et pour la tutelle il est essentiel de maîtriser les dépenses. C'est ce qui amène régulièrement des divergences qui entraînent fréquemment une rupture du placement ou de la mesure. C'est le cas notamment des jeunes qui mettent l'institution en danger.

Les diverses contingences extérieures seront repérées par l'éducateur qui souhaite mener un projet avec la meilleure stratégie possible. En repérant les divergences d'objectifs de chacun des partenaires, il saisira mieux les diverses stratégies. Il lui sera plus aisé de dialoguer, de négocier et de se faire comprendre. Cette démarche permettra plus facilement d'aboutir sur une négociation et un consensus.

LE TRAVAIL EN ÉQUIPE

Pour que le relais puisse être assuré, il importe de mettre en place des moyens de communication qui informeront l'ensemble des éducateurs du groupe des projets de chaque jeune, ainsi que de leur évolution. Dans ce but, je propose un passage en revue systématique de tous les enfants en première heure de la réunion hebdomadaire du groupe. Grâce à ce système, il est plus facile de constater des évolutions qui amèneront des mises à jour éventuelles.

Exemple : Le référent social de Catherine téléphone pour nous informer de problèmes importants dans la famille de celle-ci. Il demande où nous en sommes par rapport au projet d'avenir de la jeune fille, et comment celle-ci a réagi suite à ce qui s'est passé chez elle. Il nous interroge également sur la fiche de liaison que nous avions mise en place avec la famille. L'éducatrice présente au moment de l'appel n'est ni au courant de la mise en place d'une fiche de liaison, ni informée sur les derniers événements familiaux.

Le relais n'a pas pu être assuré par l'éducatrice, car le système de communication mis en place n'a pas été utilisé. Pour le projet de Caroline, il a été prévu de tenir un cahier de communication entre la famille et l'établissement. L'éducatrice, jugeant que ce cahier ne convenait pas, ne s'en est plus occupée. Ni les collègues, ni la jeune n'ont été informés de cet abandon. Il n'y a donc pas eu d'autre moyen de proposé en remplacement Si un moyen ne semble pas convenir, il peut être remplacé. Encore faut-il que ce soit négocié avec le jeune et que les collègues soient informés. Beaucoup d'éducateurs agissent en "francs-tireurs" et s'étonnent ensuite qu'ils sont seuls dans l'action.

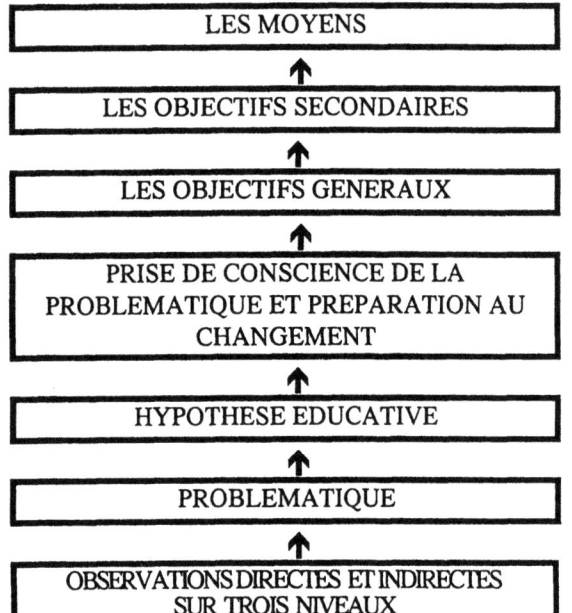

11 - LA PARTICIPATION DE LA FAMILLE

Le partage du pouvoir entre les familles et les institutions a toujours été une question délicate. Autrefois, les parents des enfants placés étaient systématiquement écartés. A l'école, le maître était tout puissant. Il faisait partie des notables, pères et mères se soumettaient. L'institution était une chasse gardée que les professionnels protégeaient avec vigilance. Par la suite, les parents étaient sollicités pour participer à la vie des établissements, mais leur rôle était confiné à des activités secondaires, comme l'animation des kermesses, une représentation aux conseils de classes. Même si actuellement les familles sont représentées dans les conseils d'administration des lycées, leur pouvoir est extrêmement restreint. En 1975, j'étais en stage dans un IMP, et j'ai été surpris de constater le désir spontané des familles à participer à la vie de l'établissement. Dès qu'elles étaient sollicitées, les réponses étaient nombreuses et immédiates. Quelques années plus tard, en maison d'enfants, je voyais des parents qui se présentaient lors de l'admission avec quantité de bonnes résolutions en tête. Progressivement cela s'estompait. Les familles s'effaçaient et l'institution assumait la totalité de la prise en charge des enfants.

Actuellement, la tendance est de permettre aux familles de faire valoir leurs droits et de s'impliquer plus dans le placement de leurs enfants. Dans les faits, cette implication n'est pas évidente. Les établissements d'accueil manquent de moyens. Certains éléments contextuels mettent en contradiction le droit des familles et l'intérêt de l'enfant.

Exemple : Très fréquemment, les établissements scolaires donnent des formulaires à signer par les parents, à rendre dans des délais très courts quelque fois la veille pour le lendemain. Si l'enfant ne ramène pas ses papiers en même temps que les autres, il sera marginalisé vis à vis de ses camarades. L'éducateur est face à l'alternative suivante : Soit signer les papiers au détriment de la participation des familles, soit attendre que les parents l'aient fait au risque que cela crée des ennuis à l'enfant à l'école.

Comme tout mode participatif, la collaboration des parents sera modulable en fonction du mode de placement (internat ou externat), du type de problématique (enfants handicapés ou enfants placés par un juge), des difficultés de la famille, etc. Les éducateurs se plaignent fréquemment que le travail éducatif de l'établissement ne trouve pas sa prolongation dans la famille, créant ainsi ce que nous avons appelé le «syndrome de Pénélope ». Ce qui était mis en place par les éducateurs dans l'établissement, était défait par la famille lors des retours. Nous remarquons également que les repères sont souvent très différents, voire opposés. Certains tolèrent des comportements que nous n'acceptons pas : tabac pour les plus jeunes, consommation d'alcool,... Les valeurs et le style de vie divergent entre ce qui est proposé dans l'institution et ce que peuvent offrir les familles. Dans certains cas, les jeunes se retrouvent dans un milieu pathogène et replongent dans la problématique qui est la source du placement. Lorsqu'ils retournent en familles, ils se réinscrivent dans leur ancien mode de fonctionnement. Ils sont confrontés au climat et à l'ambiance desquels il a été jugé bon de les retirer. Il s'agit pour nous de gérer un paradoxe qui consiste à concilier les retours en famille et la protection de l'enfant. Cette absence d'action conjointe avec les familles est souvent regrettée par les éducateurs qui souhaiteraient que celles-ci gardent leurs responsabilités vis à vis de leurs enfants. Cela nécessite la gestion d'un paradoxe, car si les familles assument leurs responsabilités, cela veut dire qu'elles prendront plus de pouvoir. L'intérêt d'une telle démarche est que la famille en participant au projet de son enfant, travaille également plus ou moins consciemment sur sa propre problématique, résorbant ainsi ses difficultés, modifiant la nature de leurs relations. Ce processus favorise la résolution des problèmes et un retour plus rapide à la maison. Conjointement l'évolution des enfants est plus rapide et surtout plus durable. L'implication des familles dans les projets des enfants ou personnes adultes prises en charge peut provoquer un processus de changement susceptible d'engendrer de nouvelles bases dans la relation parents/enfants. Elle permettra à celles-ci de se sentir responsables et d'agir conjointement avec l'établissement pour le devenir de leurs fils ou leurs filles. Toutefois, je pense que cette participation doit être réfléchie et limitée aux familles pour lesquelles la collaboration est souhaitable. Celles avec lesquelles il vaut mieux accentuer la rupture et éviter les contacts ne sont pas concernées. Si dans le domaine de l'enfance handicapée, la question est moins cruciale, dans le secteur social, elle se pose indéniablement.

Les familles avec lesquelles la collaboration est envisagée.

Le plus souvent ces familles reconnaissent qu'elles traversent une période de crise ou qu'elles ont des difficultés personnelles ou de communication avec leurs enfants. Il y a fréquemment un désir d'en sortir et elles éprouvent des sentiments de culpabilité ou de regrets. Tout sera mis en œuvre pour déculpabiliser les parents des enfants placés et les inscrire dans une dynamique de résolution des problèmes. Dans l'idéal, ce travail sera déjà entamé au préalable avant l'admission. L'esprit de cette tâche s'amorce d'ailleurs dès la visite de pré-admission à laquelle les parents sont invités. Lorsque cela est possible, la première ébauche du projet de l'enfant est élaborée avec eux. Nous ne perdons pas de vue d'ailleurs que le discours des parents est porteur d'informations qui aident à comprendre les adolescents en difficulté.

Les milieux familiaux «pathologiques» à éviter.

Sans que cela soit toujours avouable, certaines familles éprouvent un soulagement quand leurs enfants sont placés. Dans un premier temps les parents développent des comportements déculpabilisants : ils prennent l'engagement de suivre l'enfant, de s'en occuper. Ils se sentent bientôt piégés et font des promesses qu'ils ne tiendront pas. D'autres auront une telle capacité à nous faire apitoyer sur leur sort, que nous risquons d'y accorder plus d'importance qu'à l'intérêt des enfants. Certains jeunes se sentiront investis de la mission de résoudre les problèmes familiaux. Cette tâche est trop lourde pour eux et ils ne peuvent supporter cela longtemps. Dans ces cas, plutôt que de maintenir à toute force des liens qui ne feront qu'accentuer la problématique, il sera préférable de provoquer la rupture totale pour une durée plus ou moins longue, le temps que les liens puissent s'instaurer à nouveau. Nous avons souvent remarqué qu'une rupture totale momentanée créait la motivation pour renouer des liens et aboutissait souvent vers un retour en famille plus rapide que prévu. En fait un rapprochement maintenu de manière inadéquate entretient la problématique au lieu de la résoudre.

Je préciserai qu'une rupture entre la famille et l'enfant n'implique pas forcément l'absence de liens avec l'établissement. Un travail de préparation nous semble opportun dans la perspective que les liens soient un jour renoués.

Quelles que soient les situations nous éviterons de considérer soit les parents, soit les enfants comme étant unilatéralement mauvais. L'enfant est tributaire de plusieurs histoires, celles de son père, sa mère, ses grands-parents paternels et maternels, etc. Ce qui importe, c'est d'aider ceux-ci à mieux vivre la relation qu'ils entretiennent avec leurs enfants et permettre à ces derniers d'être les premiers bénéficiaires de cette démarche.

Lors d'une demande d'admission dans un établissement pour adolescents il arrive souvent que la rupture soit déjà consommée au niveau de la relation et de la communication. Le placement l'entérine de manière concrète et physique. Cette concrétisation peut être susceptible de renverser le processus et de permettre un "raccommodage" des relations familiales. Malgré le refus d'un jeune de garder des contacts avec sa famille, il nous paraît souhaitable d'éviter le désintérêt envers celle-ci. Si par la suite l'objectif du jeune consiste à renouer des liens avec elle, la tâche sera d'autant plus aisée, que nous aurons établi des rapports avec la famille. Y renoncer, serait s'exposer plus tard à un travail de réparation important pour tenter de créer un intérêt par rapport à l'enfant là où il a disparu.

Exemple : Michel est placé depuis six mois. Le conflit avec ses parents était tellement important, qu'il disait ne plus vouloir ni les rencontrer, ni leur parler. Pour respecter la volonté du garçon, aucun contact n'a été pris par les éducateurs avec les parents. Depuis plusieurs semaines, Michel manifeste le désir de les rencontrer. Nous ne recevons aucune réponse à nos courriers. Il a été répondu à la référente sociale que Monsieur et Madame n'avaient plus de fils et qu'ils ne voulaient plus en entendre parler. Il nous sera particulièrement difficile de favoriser un rapprochement.

Si nous respectons la volonté de l'adolescent de maintenir la rupture, nous savons que très souvent cette décision ne durera pas. Nous savons que les sentiments des jeunes peuvent être très variés. L'évocation de la famille peut créer de la honte, de la fierté, de la haine, du chagrin etc. Même si les parents ont été odieux avec l'enfant, même si celui-ci ne veut plus en entendre parler, il reste toujours une loyauté vis à vis du milieu d'origine. Nous éviterons toujours de blâmer une famille devant un adolescent. Cela risque d'éveiller chez lui un sentiment de trahison. Il pourrait être amené de ce fait à développer des comportements opposés aux éducateurs pour défendre plus ou moins consciemment son milieu. La famille est importante pour l'enfant. C'est là où il a ses racines. L'enfant a sa famille en lui. Il en a une représentation qu'il s'est construite intérieurement.

Les éducateurs ont un avantage au niveau des relations familiales. Ils ne sont pas considérés comme des concurrents, mais comme des personnes qui apporteront de l'aide. Il est souhaitable de conserver cette position favorable, et même de l'accentuer en faisant preuve de modestie, en signifiant à la famille que nous avons besoin de son aide, car elle connaît beaucoup mieux l'enfant que nous. Il s'agit en fait, de faire des familles nos alliées. Cela n'est pas toujours évident, car bon nombre d'entre elles se positionnent en rejet face à l'adolescent, qui par ses actes et ses démarches a provoqué l'admission et déstabilisé un équilibre précaire. Il est important de restaurer les parents ; qu'il y ait quelqu'un qui dise à l'enfant que ses parents ne sont pas si mauvais que ça, même si son discours à lui est totalement négatif.

La participation de la famille au projet, permet à celle-ci de ne pas se dessaisir de l'enfant. Chaque fois que la situation sera favorable nous essaierons de déterminer quel sera le rôle qui peut lui être attribué. Dans le secteur de l'aide sociale à l'enfance, le référent social, travaillera conjointement au niveau de la famille par rapport au projet du jeune. Cette démarche est particulièrement intéressante lorsque la famille rejetante. Il est bon que ce soit des intervenants différents qui travaillent avec chacun d'eux. Il est souhaitable de réfléchir dès le début du placement, à ce que sera la part prise par la famille. Le fait de leur faire signer les bulletins, les papiers, est une reconnaissance. Ne pas leur enlever le carnet de santé, mais le photocopier leur confirme qu'ils gardent leur enfant. Les parents peuvent être invités aux réunions dans les établissements scolaires, aux rendez-vous concernant la santé. Ils sont les bienvenus dans l'établissement. Ils ont la possibilité de joindre sur ligne directe leur enfant ou l'éducateur. Ils peuvent participer à l'organisation des vacances de leurs enfants. Ils sont invités aux concertations. Nous les invitons à une projection du film ou des diapos des vacances. Certains peuvent participer aux achats de vêtements ou de matériel scolaire. Ces différentes démarches leurs permettent de jouer leur rôle de parents. Le fait que l'éducateur leur rende visite occasionnellement permet de les voir dans leur milieu. Comme dans toute relation, le fait de rencontrer les personnes, renforce les liens. Reconnaître la famille, la faire exister auprès des jeunes sera pour nous un levier éducatif. Néanmoins notre position est très souvent délicate, car il nous faut manœuvrer dans une marge étroite remplie d'ambiguïtés. Au risque de nous répéter, nous dirons, que plus que jamais, la coordination de l'action et la prise en compte individuelle sont de rigueur.

La teneur de la relation avec la famille sera déterminée en fonction de l'avis de l'enfant, de son niveau d'évolution et des contenus de son projet. Cela peut aller d'une participation maximale à une distanciation totale. N'oublions pas que notre mission vise l'intérêt de l'enfant, et que le travail avec la famille se fera en fonction de l'avantage qu'il peut apporter à la réalisation de cette finalité.

Dans ce qui est exposé ci-dessus il s'agit essentiellement d'une approche des enfants placés dans le cadre de l'aide sociale à l'enfance ou de la protection judiciaire de la jeunesse. La problématique des jeunes qui nous sont confiés est partie intégrante d'une problématique familiale. Si la famille est impliquée dans le projet de l'enfant nous pourrons espérer une action conjointe qui pourrait amener les parents à modifier le style de relation qu'ils avaient avec leur enfant, et ainsi réduire la véritable cause des problèmes de départ. Nous avons remarqué que l'évolution des enfants et des adolescents est plus rapide, et surtout plus durable lorsque la famille est impliquée dans les projets mis en place. Elle a un rôle à jouer dans le projet du jeune et nous comptons la faire participer activement chaque fois que cela est possible et envisageable.[30] Considérée comme partenaire, elle contribuera à une harmonisation entre l'action éducative menée dans l'établissement et celle qui se vit lors des retours de week-end ou de vacances. Son implication peut favoriser un processus de changement susceptible d'engendrer de nouvelles bases dans la relation parents/enfants.

Dans les autres modes de prise en charge, la problématique est différente, mais les principes de participation des familles sont identiques. Une collaboration avec la famille s'instaurera et les décisions seront prises en commun. Cela nécessite un effort de la part de l'équipe éducative pour céder une partie de son pouvoir. Dans un IME, le souci des éducateurs sera d'assurer la continuité du travail effectué dans l'établissement. Une collaboration étroite avec les parents et une bonne coordination s'imposent. La participation de la famille au projet individualisé est vivement souhaitable. En outre, il s'agira de gérer les problèmes inhérents aux parents d'enfants handicapés : culpabilité, désarroi, désespoir, agressivité, surprotection, etc. En général cette participation est très facile à obtenir, et les parents peuvent apporter une grande aide aux professionnels qui acceptent de partager leur pouvoir avec eux.

En AEMO, c'est la base même de la mission, puisque la mesure est prononcée presque exclusivement pour des démarches qui vont dans ce sens.

En Centre d'Hébergement et de Réinsertion Sociale, les personnes accueillies sont isolées, le plus souvent en rupture avec leur entourage. Toute démarche envisageable vers des proches peut être un espoir supplémentaire pour aider à la réinsertion.

---

[30] Le livre de B RUHAUD « Placement familial et gestion de l'autorité parentale », L'Harmattan, 1998 donne des exemples et des évaluations de cette pratique à l'ASE de Charente Maritime.

L'INFLUENCE DE L'ENVIRONNEMENT.

L'un des facteurs les plus difficiles pour une personne qui désire changer est la résistance de son propre environnement. Les étiquettes, les réputations ont la peau dure et découragent très souvent le candidat au changement qui retombe dans ses anciens travers.

Celui qui aide une personne à changer, se doit de la préparer à affronter son environnement, à l'amener à réfléchir comment elle s'y prendra pour informer son entourage qu'elle a changé.

Exemple : Christian était un râleur, jamais content. On le surnommait le schtroumpf grincheux. Lors d'un stage de communication, il travaille ce défaut et modifie littéralement ses comportements. Sa famille et ses amis continuent à l'appeler le schtroumpf et ne prennent pas au sérieux ses remarques. Ceci crée chez Christian une grosse frustration.

En plus de l'effort de changement, il faut fournir celui d'éduquer les autres à cette transformation.

COMMENT FAIRE PARTICIPER LA FAMILLE ?

Dès la visite de pré-admission

En fonction des informations qui nous sont transmises, et de l'avis du travailleur social demandeur du placement, les parents seront invités à la visite de pré-admission. Durant celle-ci, une première ébauche du projet sera évoquée, et les rôles que pourront jouer les différents partenaires seront en partie déterminés.

Après l'admission

Après en avoir discuté avec la personne concernée, l'éducateur proposera une rencontre avec la famille. Les modalités de la participation de cette dernière seront négociées plus concrètement. Il y aura concertation avec elle lors des différentes étapes du projet.

A travers le quotidien

- Contacts réguliers par téléphone, courriers ou visites.

- Se concerter à propos des soins médicaux. Donner des informations.

- Transmettre les bulletins scolaires, informer des réunions de parents et leur permettre d'y assister, discuter des orientations.

- Prévoir en commun l'organisation des vacances. Communiquer les adresses et dates des séjours organisés.

- Offrir la possibilité d'effectuer les achats de vêtements lors des retours en week-end.

- Accueillir les membres de la famille dans l'établissement en les invitant à prendre un café ou un rafraîchissement, en accompagnant la maman dans la chambre de son enfant, en l'invitant à venir fêter l'anniversaire du jeune. Il est même envisageable d'inviter une famille aux réunions de concertation.

Grâce à ces différentes démarches, nous pourrons faciliter une continuité dans le projet et ainsi éviter des ruptures que nous constatons lors des retours en famille.

LES LIMITES DE CETTE PARTICIPATION

L'enfant ou l'adolescent a parfois besoin de se distancier de sa famille. Si celle-ci pénètre trop dans son nouvel univers, ce besoin ne pourra être satisfait.

Exemple : Nadine ne supportait plus le placement car la relation entre l'éducatrice et sa mère était tellement suivie que l'adolescente avait le sentiment de ne plus avoir aucun retranchement. Tout ce qui se passait à la maison, l'éducatrice le savait et tout ce qu'elle vivait dans l'établissement sa mère en était informée. Nadine ne tolérait plus d'être ainsi pistée et a fini par fuir sa famille et la maison d'entants.

Nous ne le dirons jamais assez, le projet du jeune doit rester le sien, et sous prétexte d'y faire participer ses proches il ne doit pas lui être substitué.

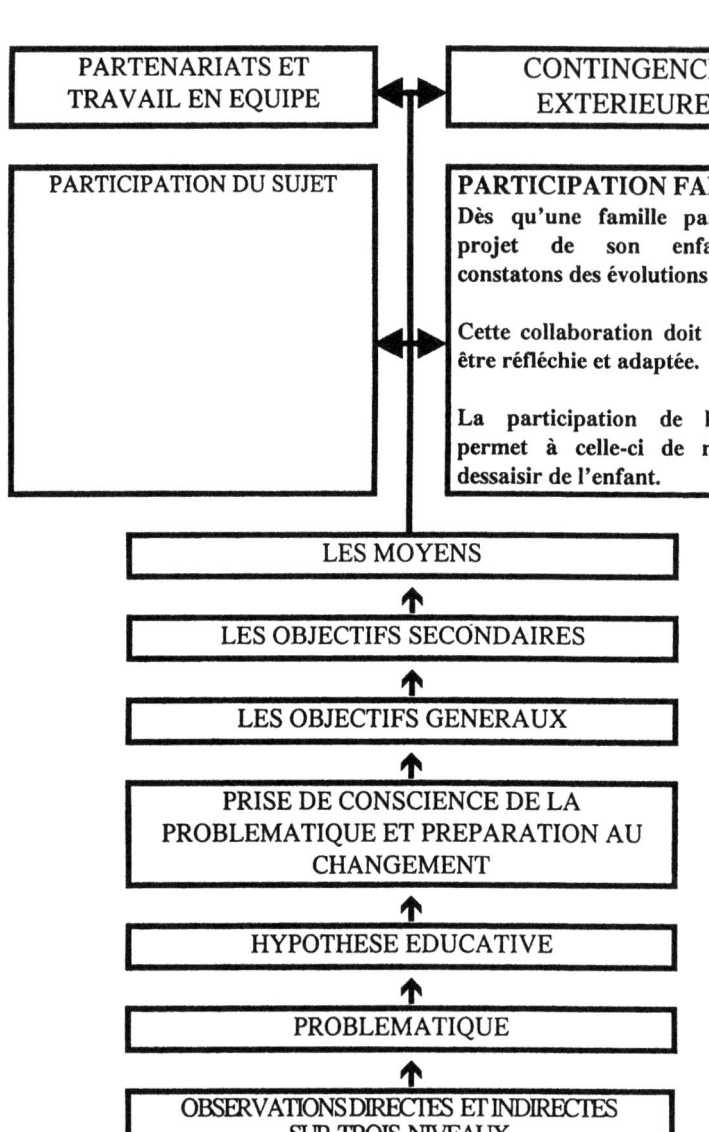

12 - EXEMPLE DE PROJET INDIVIDUALISE

Je vous propose ci-dessous un exemple de projet individualisé. Celui-ci sera rédigé synthétiquement de manière à faciliter la lecture de l'évolution du projet sur plusieurs mois. Cette fiche sera mise à la disposition des collègues qui pourront la consulter facilement. Les éducateurs du groupe seront ainsi informés des projets de l'ensemble des personnes suivies dans leur unité de vie ou leur service.

La personne concernée en aura un exemplaire. Il est même possible d'en donner connaissance aux autres jeunes s'ils en sont d'accord.

Nom : V.......................... Educateur : ....

Date : ....

Hypothèse éducative : c'est en étant confrontée constamment à la réalité que V.. accédera à un comportement plus adulte.

OBJECTIFS GÉNÉRAUX	OBJECTIFS SECONDAIRES	MOYENS
Contact avec le monde du travail	Stage en pouponnière aux prochaines vacances	Contacter M.. à la mairie. Faire lettre de candidature motivée.
	Chantier de jeunes en août.	Contacter éducatrice pour inscription.
Sensibilisation aux tâches ménagères	- Composer trois menus. - Savoir faire les courses. - Préparer seule un repas pour les prochaines vacances.	- Contacter maîtresse de maison et lui demander conseil. - Faire les courses plusieurs fois avec la maîtresse de maison. - Participer à la préparation des repas. - Noter les prix en faisant les courses. - Prévoir un week-end pour réaliser l'objectif.
	Etre capable de nettoyer sa chambre et de la ranger d'ici un mois	- Consacrer une heure fixe chaque jour. - Faire contrôler chaque jour par l'éducateur.
Prochaine évaluation : (Ajouter grille d'évaluation).		

13 - L'EVALUATION

L'évaluation permet de réactualiser le projet, de vérifier si l'hypothèse éducative est toujours opportune et si les objectifs et les moyens sont pertinents. Elle permet également de contrôler la progression et de vérifier les changements et leurs impacts.

LES ÉVALUATIONS TRIMESTRIELLES

Le moment de l'évaluation ne correspond pas forcément à l'échéance fixée pour atteindre un objectif. Il est souvent préférable d'évaluer bien avant afin de vérifier si le projet évolue dans de bonnes conditions. En principe, une échéance est fixée pour chaque évaluation. Deux par trimestre cela me paraît à la fois raisonnable et souhaitable. Il n'est pas interdit d'en ajouter en fonction des événements qui composent l'évolution du projet. Si l'évaluation est faite par l'éducateur en fin de période simplement parce qu'il faut respecter un délai, le travail est artificiel et ne correspond pas à l'esprit du projet dynamique. On en arrive alors à faire des projets sans fondements dont le jeune n'est pas au courant. Dans le cas d'échéances programmées, il y a trois cas de figure.

❶ Les objectifs fixés pour l'échéance sont atteints. De nouveaux objectifs peuvent être définis pour aller plus loin.

Ex. : Hervé devait apporter de l'école au moins 50 % d'appréciations positives sur son comportement. L'objectif est atteint. L'éducateur lui propose d'essayer d'arriver à 60 %.

❷ Il n'y avait pas d'objectif à atteindre pour cette échéance. Dans ce cas nous vérifions si nous approchons des prochains dans de bonnes conditions.

Ex. : Sandra a pour objectif d'atteindre 10 de moyenne générale pour la fin du deuxième trimestre. Un contrôle des notes qu'elle a eues en janvier montre qu'elle est bien partie et qu'il n'y a pas lieu de changer le projet.

Dans le cas de Sandra le projet n'est pas modifié. En revanche si les notes avaient été mauvaises il aurait été opportun de le reconsidérer comme il est défini ci-dessous.

❸ Les objectifs ne sont pas atteints ou nous constatons que les prochains sont mal engagés. Les causes peuvent être les suivantes :

- l'objectif est trop difficile,
- les moyens ne sont pas adéquats,
- l'échéance est trop courte,
- le jeune n'est pas motivé,
- le projet est antagoniste par rapport aux objectifs et aux désirs du jeune,
- la situation du jeune ou de sa famille a changé.

Il faut alors modifier le projet en fonction des points de dysfonctionnement :

- déterminer de nouveaux objectifs ou
- trouver de nouveaux moyens ou
- reporter l'échéance ou
- renégocier avec le jeune ou

- agir sur plusieurs de ces éléments à la fois.

L'évaluation peut être formalisée. Ce peut être à l'occasion d'une échéance ou à un moment déterminé par la personne concernée et l'éducateur qui se rencontreront dans le but de faire le point. Elle peut être informelle, lors des diverses discussions dans le cadre du quotidien où le projet peut être abordé et les informations transmises. C'est ainsi que Valérie apprend à l'éducateur qu'elle a reçu une réponse de son père. L'éducateur peut lui demander si de son côté elle a invité sa copine, etc.

La concertation

Les concertations sont des rencontres intermédiaires entre les réunions de synthèses. Elles ne sont pas programmées à des échéances précises, mais en fonction des nécessités, soit à la demande des éducateurs, des partenaires ou de la personne concernée. Y participent : le sujet, l'éducateur, éventuellement le chef de service, la famille, les partenaires extérieurs... Ces rencontres permettent de faire le point et souvent de donner un nouvel élan au projet individualisé. Elles contribuent également à coordonner l'action et aident à prendre des décisions importantes.

La synthèse

Les réunions de synthèse visent à une meilleure prise en compte des problématiques et à un plus grand approfondissement. Nous y recherchons une plus grande compréhension et le moyen de nous situer face aux difficultés des jeunes. LOUBAT insiste régulièrement sur le fonctionnement des synthèses qui privilégient le passé et négligent l'avenir. Il propose que celles-ci soient en priorité des réunions de projet qui seraient préparées par le responsable du projet de la personne suivie et viseraient essentiellement à la prise de décision.[31] Le rappel des motifs du placement permettra de constater l'évolution depuis le départ. Les problèmes sont-ils les mêmes ? Ont-ils évolué ? Dans quel sens ? Qu'apporte-t-il actuellement ? Est-il toujours opportun ? Cette démarche permet aux éducateurs de se situer plus clairement vis à vis des problèmes quotidiens, et, de rechercher le sens profond de la problématique. Ceci nous permet de nous positionner plus justement dans nos optiques de travail. Cette réflexion contribue à affiner les actions menées et à les coordonner. Nous reprenons l'histoire de la personne, nous évoquons son cheminement depuis la dernière réunion. Les diverses évaluations du projet individualisé sont présentées par l'éducateur référent qui a fait au préalable un travail de préparation. Les différents participants apportent leurs avis et l'éducateur peut compléter ce qu'il a préparé en vue de la rédaction du compte rendu. Les actions menées et les orientations du projet individualisé sont éventuellement réactualisées. La réunion de synthèse permet de vérifier si la problématique a évolué ou est restée la même ; si l'hypothèse éducative est toujours pertinente et si les objectifs sont appropriés. Elle permet aussi de se rendre compte du niveau d'engagement des sujets dans leur projet et dans un processus de changement. C'est aussi l'occasion d'une mise au point de nos attitudes et de la façon dont nous nous situons à l'égard des personnes que nous accompagnons.

Y participent l'équipe éducative concernée et toutes les personnes amenées à travailler avec le sujet : Chef de service, personnels médicaux et para médical, partenaires extérieurs, etc.

---

[31] LOUBAT : Intervention à la journée du 4 octobre 1994 à Cambrai organisée par le CREAI du Nord-Pas-de Calais.

Faut-il faire participer la famille et la personne concernée aux réunions de synthèse ?

La question s'est déjà posée de savoir s'il était intéressant d'inviter la personne ou sa famille à une réunion de synthèse. En nous mettant à la place de la personne suivie, nous nous sommes dits que celle-ci ne serait pas à l'aise. Il n'est pas évident pour quelqu'un de se retrouver au milieu de dix personnes pour entendre parler de soi, de sa vie privée. Comment accepterions-nous une telle situation ? Nous préférons garder ces rencontres pour les réunions de concertation auxquelles les participants sont moins nombreux.

Par contre, rien n'empêche de leur faire lire le compte-rendu issu de la réunion de synthèse. Cette démarche présente un avantage supplémentaire lié à la déontologie. Le fait de savoir que la jeune ou sa famille sont susceptibles de lire le compte rendu nous amène à être plus modérés et plus prudents dans nos écrits.

Ceux qui craignent une dispersion et une perte de rigueur peuvent dans un premier temps se limiter à deux objectifs généraux. Il est important que chaque éducateur ait en tête le projet de chaque jeune du groupe. Si ceux-ci sont trop sophistiqués, il sera difficile de leur assurer un suivi satisfaisant.

Le projet est comme une chaîne dont chaque maillon est solidaire, de la problématique aux moyens mis en œuvre. Lorsqu'un projet ne fonctionne pas, il importe de vérifier chaque étape de son élaboration.

Exemple : L'éducateur de Stéphanie ne parvient pas à mettre en place un projet avec elle. Pourtant lors de la visite de pré admission la jeune fille avait exprimé toute une série d'objectifs. Elle souhaitait poursuivre des études pour être vendeuse ; elle voulait préparer son autonomie et prévoyait de partir en appartement vers la fin de l'année ; elle souhaitait économiser pour passer son permis de conduire. Mais, rien n'a fonctionné, et lors de la réunion de synthèse deux mois après l'arrivée de la fille, l'éducateur était incapable de parler d'un projet qui n'avait jamais démarré. En fait ce projet exprimé par la fille lors de son arrivée et repris par l'éducateur, n'avait rien à voir avec la problématique. Stéphanie avait un problème de relation avec sa mère. Les conflits étaient fréquents et violents. Les deux femmes en venaient parfois aux mains. Stéphanie ressentait de l'injustice et de la révolte. « Elle avait légitimement le droit de vivre comme ses copines dans sa famille, alors qu'à cause de sa mère, elle était placée ». Un projet pour Stéphanie ne pouvait fonctionner que s'il prenait cet élément en compte. A partir de là, un travail sur les comportements de la fille, et sur la gestion de ses sentiments pouvait être entrepris. L'idéal étant, que le référent social puisse en faire autant vis à vis de la mère...

Voici quelques questions qui peuvent aider à l'évaluation :

- Les objectifs sont-ils atteints ?

- Quels sont les repères qui permettent de répondre à cette question ?

- Les délais ont-ils été respectés ?

    ⇨ **Si non, pourquoi ?**
- les moyens étaient-ils adaptés ?
- les objectifs étaient-ils réalisables ?
- y a-t-il eu des éléments imprévus qui ont constitué des obstacles (événements, maladies...) ?

    ⇨ **Si oui**
Cela a-t-il permis d'atteindre le but ?

Si non, pourquoi ?
- la stratégie employée a-t-elle été payante ?

Les réponses à ces questions seront bien utiles pour évaluer le projet et le réactualiser comme je vous propose de le faire dans le chapitre suivant.

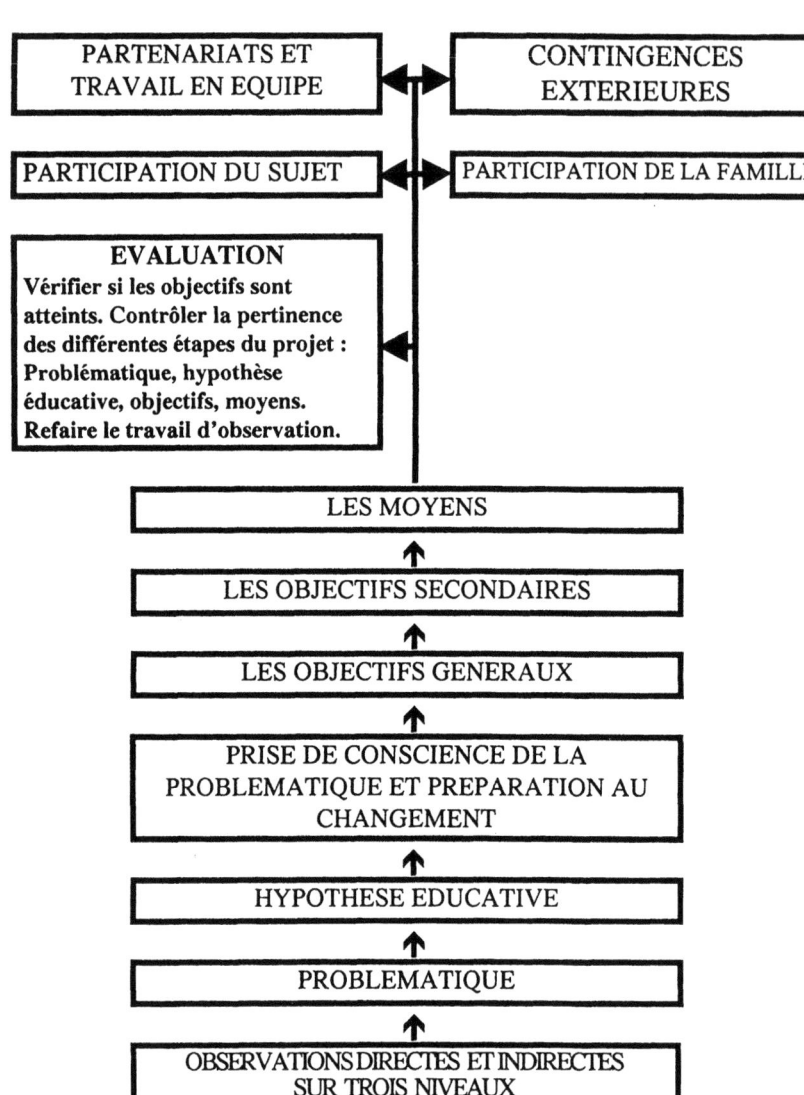

14 - EXEMPLE DE GRILLE D'EVALUATION (OU FICHE DE PROJET).

De nombreuses réactualisations de projets sont en fait des petites synthèses. Elles sont difficiles à lire, longues à rédiger et ne correspondent pas au modèle présenté dans l'évaluation. Les éducateurs essaient en fait d'expliquer les raisons pour lesquelles les objectifs ont été ou non atteints. Ces explications, très intéressantes lors des synthèses ou dans les rapports de comportement devraient être conservées dans les dossiers tenus par les éducateurs avec les observations. Si ceux-ci le jugent nécessaire ils peuvent les faire apparaître sur une note annexe. Il est souhaitable que la fiche d'évaluation soit rédigée le plus clairement et le plus synthétiquement possible.

Je vous propose également une grille d'auto évaluation qui vous permettra de vérifier où vous en êtes par rapport à la pratique des projets individualisés. Elle peut également être utilisée au moment de l'élaboration d'un projet afin de vérifier si certains aspects ne vous ont pas échappé.

Nom : Sylvie D. **Educateur** : Jean-Marie **Date** : 02/07/93	

Hypothèse éducative : Continuer le dialogue avec la mère, l'élargir au beau-père et revaloriser l'image de Sylvie pour améliorer la relation familiale et favoriser le retour.

Projet initial
(c'est le projet tel qu'il était à la dernière réactualisation)

Scolaire : Réussir le 3ème trimestre et passage en seconde.
11 de moyenne fin juin
Obtenir le BEPC en juillet
    Révisions 1 h par jour
    Cours particuliers en maths
Famille : Retour définitif à la maison.
Respect des règles posées par ma mère (fin juin)
Etablir bonne relation avec mon beau-père.
    Cahier de liaison avec appréciations de la mère et du beau-père.
    Faire le point chaque semaine avec Jean Marie sur difficultés rencontrées.

Résultats obtenus
Scolaire : 11,42 de moyenne
Avis de passage en seconde, mais dossier refusé au
Lycée, inscription BEP.
En attente des résultats du brevet : pense avoir réussi.
Famille : Appréciations de la famille sur le cahier
Satisfaisantes. Accord des parents pour le retour.

Projet réactualisé
Scolaire : Formation sanitaire et sociale
    Passage en seconde   (juin)
        Intervention auprès du proviseur
        Contestation orientation du lycée
        Si pas suffisant, voir inspection d'Académie.
Famille : Retour en famille (juillet)
    Accord du juge
        Lettre pour demande d'audience
        Demande aux parents d'écrire au juge.

Grille d'auto évaluation de la pratique des projets individualises

	OUI	NON
J'ai consulté le dossier		
Nombre d'observations directes supérieur à 15 par mois		
Je consacre une partie de l'analyse à ma pratique et au fonctionnement		
Je pratique au moins un mode d'approche		
Je distingue la problématique des motifs du placement		
Je vérifie le lien entre l'hypothèse éducative la problématique		
Les objectifs généraux sont spécifiques à la personne. Je vérifie qu'il ne peuvent être appliqué à n'importe qui..		
Pour les objectifs secondaires, je peux répondre à la question « A quoi je verrai quel objectif est atteint ? »		
Les moyens : Je peux dire de quelle manière je m'y prend pour atteindre l'objectif		
Chaque objectif secondaire a une échéance.		
Chaque objectif secondaire est exprimé positivement.		
J'ai vérifié les étapes du changement.		
Il existe des modalités de participation de la personne.		
Il existe des modalités de participation de la famille.		
J'ai repéré les croyances limitantes.		
J'ai repéré les critères du sujet.		
Je peux considérer que la qualité de la relation avec la personne est bonne. Si la réponse est oui décrire ci-dessous une situation concrète qui me permet d'affirmer cela :		
Je travaille le projet individualisé avec des partenaires extérieurs.		
Je prépare le sujet à informer son milieu.		
J'ai établi des liens entre le projet individualisé et le projet d'établissement.		
Liens établis entre projet individualisé et projet de groupe.		

J'ai utilisé la dynamique de groupe.		
Je n'ai plus besoin de prendre un crayon et du papier pour parler de son projet avec une personne.		
TOTAL		

15 - LES PROJETS INDIVIDUALISES DANS LES DIVERSES BRANCHES DE L'ACTION SOCIALE.

Les exemples cités dans cet ouvrage font souvent référence aux maisons d'enfants à caractère social ou aux foyers pour adolescents d'où je tire mon expérience. La méthode cependant, je l'ai déjà précisé s'adresse à toutes les formes de prise en charge. Je propose ci-dessous quelques exemples de projets individualisés de structures variées.

UN EXEMPLE DE PROJET EN CAT

Gilles est un homme de 29 ans décrit comme agressif. Il est renfermé sur lui-même et incapable d'avoir des relations normales avec les autres dans l'atelier. Ca finit toujours par une dispute. A l'atelier il est à un poste où il travaille tout seul sans devoir communiquer avec les autres. Il vit dans son monde, il reste isolé à une table dans le fond de la salle de travail. Il ne sait pas lire, ne sait pas compter. Il est souvent dévalorisé. Son agressivité se traduit par des cris lorsqu'il interpelle les autres. Il refuse tout dialogue et n'écoute pas ce que les camarades de l'atelier lui disent. Au niveau du handicap, Gilles est considéré comme débile et malentendant. La distinction de ses difficultés n'est pas établie en fonction de ces deux handicaps. (Qu'est-ce qui est du à l'un ou l'autre) ? Il vit seul en appartement meublé, ce qui démontre malgré tout un degré d'autonomie.

L'hypothèse éducative proposée par l'éducateur est la suivante : « Lui donner un autre rôle dans l'atelier pour lui permettre d'améliorer ses comportements et sa relation avec les autres. »

Dans l'atelier, pour éviter de perdre du temps à compter les pièces, celles-ci sont pesées. Profitant de l'absence du responsable de la balance, l'éducateur propose à Gilles d'assurer le remplacement. Sa tâche consiste à chercher les pièces aux postes de travail, de les emballer, les mettre sur les palettes et les sortir de l'atelier. Ce travail l'oblige à s'intéresser à ce qui se passe dans l'atelier. Il a la responsabilité de finir le travail, ce qui est valorisant pour lui. Gilles adhère au projet. Comme il ne sait pas compter, son travail est supervisé par l'éducateur pour éviter les erreurs d'emballage.

Voici la fiche de projet de Gilles :

Nom : Gilles ...... **Educateur** : Didier　　　　　　**Date** : 02/04/97
Hypothèse éducative : Donner à Gilles un autre rôle dans l'atelier pour lui permettre d'améliorer ses comportements et sa relation avec les autres.
Projet initial Améliorer son image dans l'atelier 　　Dialoguer avec les autres en parlant normalement et en les 　　écoutant　　　(deux mois) 　　　Responsable balance. <u>Moyen d'évaluation</u> : Gilles sera capable de dialoguer sans crier. Il n'y aura plus de disputes.
Résultats obtenus 1er jour : Il est joyeux. Il signale à tout le monde qu'il est à la balance. Etonnement des autres. Une semaine : Changement de place pour travailler. Il est à proximité des autres. Il exprime de la gaieté, il chante en travaillant. Ses regards sont plus portés vers l'extérieur. Plusieurs semaines : Il n'est plus considéré comme le «chiant». Les autres lui disent bonjour. Les filles lui font la bise. Il a de nombreux contacts avec les autres. Il est capable d'être sur une chaîne de travail. Son image auprès des encadrants est revalorisée : le chef d'atelier lui a demandé de s'occuper du café pendant les poses. Il parle normalement avec les autres. Les disputes se font rares.
Projet réactualisé
Le projet réactualisé proposera une continuation de l'action entamée, et pourra s'orienter vers d'autres directions, par exemple, apprendre à compter.

Dans ce projet, l'éducateur a préféré se limiter à un seul objectif. Il semble en effet que Gilles n'était pas prêt à adhérer à autre chose dans un contexte où il était dévalorisé, où il ressentait de la rancœur de manière générale. Le fait d'avoir atteint cet objectif, permettra de travailler sur un projet réactualisé avec de nouvelles ouvertures.

UN EXEMPLE DE PROJET EN IME

Je vous propose ici la grille de projet de Patrick accueilli dans un IME du Nord.

Nom : Patrick ......
Educateur : Nathalie   **Date** : 04/02/98
Hypothèse éducative :   Pour que Patrick soit plus stable, il faut mettre en place des actions visant à modifier certains de ses comportements et à améliorer son autonomie en les prolongeant au sein de la famille
Projet initial

Gérer son instabilité
     Rester 5 à 10 minutes assis à une table sans se déplacer.
         Rester à coté de lui, l'accompagner
 Développer son autonomie
     Tenir une fourchette en mangeant
     Tenir un crayon
     Savoir s'habiller et se déshabiller
         Lui présenter ça sous forme de jeu
 Développer la psychomotricité
     Tenir des objets (ciseaux, crayons)
         Travailler avec la thérapeute en psychomotricité – exercices vus avec elle.
 Faire participer la famille au projet individualisé de Patrick
     Faire en sorte que la famille travaille à la maison les mêmes objectifs que ceux que nous avons déterminés.
         Rencontrer les parents régulièrement pour que le travail effectué dans la journée soit continué à la maison.

Résultats obtenus
Patrick sait rester plus de cinq minutes à table sans déplacement lorsqu'un adulte l'accompagne.
Il ne sait toujours pas tenir une fourchette, mais commence à tenir un crayon
Il sait enlever ses vêtements, sauf les boutons. Il ne sait pas s'habiller.
Le travail fait dans l'établissement n'a pas de prolongement dans la famille
Projet réactualisé
Gérer son instabilité
Rester 10 minutes à une table sans bouger (échéance un mois)
Rester à ses cotés
Développer son autonomie
Tenir une fourchette et un crayon (échéance un mois)
Savoir déboutonner ses vêtements (échéance deux mois)
Savoir mettre ses vêtements (échéance un mois)
Maintenir esprit jeu, lui faire une fiche avec des gommettes en couleurs pendant les activités de classe pour lui permettre de voir ses réussites.
Développer sa psychomotricité
Tenir des objets (ciseaux, crayons) (échéance deux mois)
Continuer la coordination avec la thérapeute en psychomotricité
Faire participer la famille au projet individualisé
Etablir un calendrier avec un entretien hebdomadaire avec les parents (échéance huit jours)
Mettre en place un cahier de liaison en référence aux objectifs. (échéance 15 jours)
Programmer une réunion de mise en place du programme avec la famille.

Nous notons dans ce projet le lien cohérent entre l'hypothèse éducative et les objectifs proposés. Le partenariat avec la thérapeute en psychomotricité renforce cette cohérence. Les résultats au niveau de la stabilité et de l'autonomie sont satisfaisants pour un enfant d'un tel handicap. Toutefois, les éducateurs notent une perte des acquis lors de longs retours en famille (week-end, vacances). Nous notons l'échec au niveau des résultats de la collaboration avec la famille. Dans l'analyse, il est noté que la famille est prête à collaborer, que le temps entre l'annonce de l'objectif et la mesure des résultats était largement suffisant. C'est au niveau des moyens que ça n'a pas fonctionné. La procédure n'était pas suffisamment précise. C'est pourquoi dans la mise à jour du projet, celle-ci est définie plus clairement. Nous remarquons également que dans le projet initial, il n'y avait pas d'échéance, qui apparaissent par contre dans le projet réactualisé.[32]

UN PROJET INDIVIDUALISÉ EN GÉRONTOLOGIE

Le prolongement de l'espérance de vie entraîne une augmentation des personnes de plus de 80 ans, ce qui implique plus de besoins d'aide et de soins. Les finalités des projets pour ces personnes, tournent autour de l'appréhension du déclin, de la promotion de la vie et de l'accompagnement jusqu'au bout de la personne, sans la déposséder de sa vie. Moins que les autres, les personnes âgées ne savent si elles pourront mener leurs projets à terme, aussi est-il évident de privilégier le court terme. Comme pour la plupart des personnes en difficulté, les personnes âgées s'expriment peu, et l'éducateur ou l'accompagnant utilisera l'observation pour interpréter les comportements externes. Les personnes placées en maison de retraite, perdent leur autonomie, leur liberté. Elles ont un sentiment de dépendance qui entraîne un repli sur soi, «une mort sociale».

Michel Chevreuil a réalisé un travail d'analyse à partir de recueils d'informations auprès de résidants, de leurs familles et amis et des différents personnels.[33] Ce travail lui a permis en analysant le profil social et culturel des personnes accueillies en

---

[32] VOCAT Y « Apprivoiser la déficience mentale ». Harmattan, 1997.
[33] Michel CHEVREUIL. « LE PROJET » l'Harmattan . 1992

maison de retraite, d'établir une liste prioritaire des attentes de ces personnes :
- Prise en charge médicale.
- Accueil hôtelier
- Activités culturelles
- Besoins alimentaires
- Etc.

En repérant les caractéristiques de l'identité de ces personnes, il peut déceler celles qui ont disparu ou été altérées. Il propose de trouver des idées d'activités en vue de restaurer ou préserver ce qui a été perdu ou est devenu manquant. C'est sur cette base qu'il propose un programme d'animations contrairement à la pratique des animations plaquées. L'animateur décide à certains moments de laisser faire le résidant pour lui permettre de prendre des initiatives et retrouver des aptitudes oubliées. L'action collective est basée sur la problématique de l'identité des personnes pour que le projet collectif permette à chaque personne de faire un projet de vie personnel malgré l'âge avancé.

UN PROJET INDIVIDUALISÉ DANS LE CADRE DE L'ACTION ÉDUCATIVE EN MILIEU OUVERT.

Jordan est un petit garçon de 11 ans. Ses parents se sont séparés lorsqu'il avait quatre ans. La garde est confiée à la mère. L'enfant est l'objet des rivalités de ses parents. Suite à un accident grave en voiture de la mère, les parents donnent leur accord pour une garde provisoire. Le père en refuse le renouvellement. Depuis deux ans Jordan est victime d'une maladie grave qui a nécessité son placement dans un établissement spécialisé et qui l'oblige à se déplacer en fauteuil roulant. Il fait face à sa maladie courageusement, mais il devient agressif avec sa mère, considérant son placement comme un abandon. Depuis le début de cette maladie, les parents se parlent et communiquent à nouveau.

Dans le courant de l'année 1998, la relation entre Jordan et sa maman se dégrade. Le conflit entre les parents s'aggrave. Il y aurait même eu des violences physiques. Jordan doit séjourner régulièrement à l'hôpital pour des traitements lourds. La relation avec sa mère devient de plus en plus difficile. L'enfant refuse de s'alimenter ou de se soigner. La garde est confiée au père. Celui-ci a une compagne. Jordan exprime régulièrement son opinion et verbalise son désaccord. Il est de ce fait perçu comme entêté et comme celui qui veut toujours avoir raison. La mère qui a été abandonnée dans son enfance, se sent à nouveau abandonnée par son fils.

Une mesure d' AEMO est prononcée dans le but de faire un travail de médiation entre les parents et de proposer un accompagnement de Jordan dans une relation équilibrée entre son père et sa mère.

Nom : Jordan......
Educateur :Marie   **Date** : Déc/98
Problématique : Les parents de Jordan sont séparés. Il souffre d'une maladie grave. Pris entre les conflits parentaux il développe de l'agressivité vis à vis de sa mère et a des comportements auto destructeurs.
Hypothèse éducative : Pour améliorer la relation de Jordan avec ses parents il faut éviter qu'il fasse l'enjeu des conflits parentaux et qu'il soit utilisé comme moyen de régler les comptes, et lui permettre de repérer les rôles de chacun de ses parents.
Projet initial
Objectifs généraux : 1) Aider Monsieur et Madame à s'exprimer sur ce qu'ils vivent aujourd'hui et sur leurs représentations respectives. 2) Equilibrer les séjours de Jordan chez chacun de ses parents. 3) Maintenir une relation mère fils en permettant à chacun de se positionner.

Objectifs secondaires :
1) Que Monsieur et Madame soient capables de parler face à face du présent et du passé en s'abstenant de se disputer.
<u>Echéance décembre 99</u>.
1 bis) Ils se transmettront directement les informations à propos de l'enfant (bulletins scolaires, rendez-vous médicaux, etc.).
<u>Echéance juin 99</u>
1 ter) Le discours de l'un vis à vis de l'autre sera dépourvu de critiques négatives <u>octobre 99</u>
2) Respect du planning concernant les droits d'hébergement.
<u>Echéance décembre 98</u>
2 bis) Permettre à Jordan d'emmener son argent quand il veut.
<u>Echéance février 1999</u>
2 ter) Lui permettre d'emmener ses vêtements et ses jouets chez l'un ou chez l'autre. <u>Fev 99</u>
3) Eviter les disputes non suivies de dialogues. <u>Echéance juin 99</u>
3 bis) Quand il sera chez sa mère, celle-ci consacrera une demi heure chaque jour au travail scolaire de son fils en préservant un climat de détente. Echéance janvier 99

Moyens :
1) L'éducatrice servira de relais dans un premier temps et ensuite proposera aux parents de se transmettre directement les informations plutôt que de servir d'intermédiaire. Reprendre avec eux les faits pour vérifier si les critiques sont justifiées.
2) Répartition équitable des retours de Jordan chez chacun des parents. Contacter les parents pour leur demander comment ils ont préparé les accueils. Sensibiliser et discuter avec eux sur le fait que les affaires de Jordan lui appartiennent quelle que soit celui d'entre eux qui les a achetées.
3) Provoquer des échanges de point de vue. S'efforcer chacun d'écouter l'autre jusqu'au bout sans l'interrompre et reformuler ce qu'il a dit. Dans un premier temps ces échanges se feront en présence de l'éducatrice. La mère regardera avec lui son travail scolaire sans vouloir faire du contrôle et elle positivera ses résultats.

Résultats obtenus
1) Relation dégradée : Objectif non atteint.[34]
2) Une répartition équitable a été proposée pour les retours en famille par l'établissement spécialisé. Les parents l'ont acceptée.[35]
3) Amélioration de la relation avec la mère. Les vacances d'août chez la mère se sont bien déroulées.
Jordan porte de l'intérêt à sa mère à travers ses remarques.

Projet réactualisé

Objectifs généraux
1) Prise de conscience que leurs disputes et leurs critiques sont négatives pour Jordan.
2) Maintenir les contacts entre Madame et son fils. (suspension momentanée des objectifs deux et trois, le temps que Madame aille mieux.)   (Echéance huit jours)

Objectifs secondaires
1) Remplacer les jugements par des questions et des recherches d'informations pour vérifier les affirmations de Jordan.   (déc 99)
2) Organiser des rencontres entre les deux.
2 bis) Prévoir l'accueil de Jordan en journée pendant les absences du père.   (Echéance huit jours

Moyens
1) Discuter avec eux. Apporter des exemples concrets qui démontrent que les critiques faites chacun de son coté sont des comportements qui vont à l'encontre de l'intérêt de l'enfant.
2) Emmener Madame voir son fils dans l'établissement spécialisé. Proposer à l'un et l'autre de faire des courriers, les transmettre. Les inciter à se téléphoner.
2 bis) Listes des assistantes maternelles agréées.

---

[34] L'éducatrice conservera dans ses notes les remarques suivantes : L'échéance est pour décembre 1999. Il faut du temps pour créer la motivation et que l'un et l'autre soient persuadés de l'intérêt de cet objectif. La première étape des processus de changements n'étant pas franchie il sera nécessaire de travailler la prise de conscience du problème.

[35] De nouvelles informations risquent d'amener les éducateurs à reconsidérer les objectifs : La compagne de Monsieur est partie. Jordan reste seul chez lui des journées entières. La situation a empiré. L'état de santé de Madame ne lui permet pas d'accueillir son fils. Elle est actuellement suivie en psychiatrie.

Nous n'avons pas fait ici le tour de toutes les prises en charge possibles. Je me suis limité à présenter quelques exemples, l'objectif étant simplement de démontrer la possibilité de pratiquer la méthode des projets individualisés dans tous les secteurs.

16 - PROCEDURE D'APPLICATION DU PROJET INDIVIDUALISE : DE L'ADMISSION AU DEPART

A L'ADMISSION

Motifs du placement

Il y a une confusion à éviter entre les motifs du placement et la problématique. Dans certains cas, ils sont identiques. Exemple : cet enfant handicapé a besoin de soins spécifiques dans une institution spécialisée. Dans d'autres situations par contre, le motif du placement correspond à un symptôme. Exemple : cette adolescente n'a pas fréquenté l'école depuis un an, elle souffre de la séparation de ses parents. En fait, nous avons appris par la suite que l'origine de ses souffrances venait de ce qui s'était passé avant la séparation du couple parental. Dans ce genre de situation, il est judicieux de repérer l'origine du symptôme.

Identifier la demande du travailleur social ou de la famille

Nous avons vu dans le travail sur l'observation que c'est par l'accumulation d'informations que l'éducateur émettra un certain nombre d'hypothèses. Il procédera par élimination pour n'en retenir qu'une qui sera la problématique du projet. Cependant, la personne placée a souvent déjà été suivie, soit par des travailleurs sociaux, soit par des psychologues ou psycho-pédiatres, soit par des médecins,... Une ou plusieurs problématiques ont déjà été déterminées. Un projet existe déjà dont le placement est un moyen qui doit permettre d'en atteindre les objectifs. Il sera le point de départ de la prise en charge par l'établissement ou le service.

Identifier les besoins de la personne suivie

Le projet de départ, qui amène une famille ou un travailleur social à solliciter un placement ou une prise en charge, n'est pas toujours compatible avec les besoins exprimés ou non de la personne accueillie. De l'enfant placé contre son gré à la mamie à qui on impose une maison de retraite, les cas sont multiples. Au moment de l'accueil, il importe dans un premier temps de s'assurer que la personne a envie d'être aidée. Où en est-elle par rapport aux trois étapes du changement ? Le projet de départ correspond t-il bien à ses désirs. Sont-ils réalistes ?

Dans le cadre d'une démarche participative, l'éducateur partira du projet qu'il avait pour la personne. Il cherchera un point de rencontre entre celui-ci et les désirs du jeune pour aboutir sur un projet commun. Il est toujours judicieux de remettre à la personne accueillie, un livret d'accueil par lequel lui seront transmises des informations sur le fonctionnement. Il peut contenir également une charte qui garantira la qualité du service, qui rappellera les obligations de chacun. On y ajoutera un document qui expliquera la pratique du projet individualisé, quels sont ses avantages, comment se dérouleront sa mise en place, son évolution et son évaluation.

Les partenariats

L'admission sera aussi le moment idéal pour se répartir les tâches, de définir qui fait quoi. S'il est jugé opportun de faire participer la famille, les limites de cette participation seront fixées. Les rôles des différents partenaires de travail, éducateurs, référents, soignants, psychothérapeutes seront clairement déterminés. Un coordinateur du projet sera désigné. Il est préférable que ce soit un éducateur qui partage le quotidien avec la personne qui assume ce rôle.

PENDANT LE PLACEMENT

L'éducateur débutant aura besoin de formaliser le suivi du projet individuel. Il sera rassuré de faire le point avec la personne à un moment précis, dans un lieu convenu, muni d'un papier et d'un crayon. Au fur et à mesure qu'il développera sa pratique, il est préférable qu'il agisse de manière informelle. Il peut parler du projet avec la personne pendant les moments de la vie quotidienne : un trajet en voiture, la préparation du repas, la vaisselle, en faisant un puzzle, en fumant une cigarette, etc. Cela se passera plus naturellement, il pourra saisir les opportunités quand la personne sera bien disposée. Il pensera à mettre ses notes à jour le soir. Des évaluations régulières seront programmées. Cela n'empêchera pas d'en intercaler d'autres en fonction des nécessités. Des réunions de concertations seront organisées à chaque fois qu'un événement risque d'entraîner des modifications importantes dans l'évolution du projet.

LA SYNTHESE : CONDUITE EDUCATIVE

Trop souvent, les synthèses sont des réunions durant lesquelles chacun apporte ses arguments, s'écoutant soi-même plutôt que d'écouter les autres. Parfois, même c'est bien pire, on en oublie de parler de la personne concernée pour s'intéresser à d'autres sujets[36]. Il est fréquent que trois ou quatre discussions s'engagent en même temps par sous-groupes. En fait, la synthèse se doit être un lieu de conduite éducative qui permettra de définir

---

[36] Il est possible dans cette phrase de comprendre le mot sujet dans deux sens différents.

et coordonner l'action qui sera mise en place grâce aux informations, aux analyses et aux idées de chacun des participants.

1ère synthèse

Elle sera essentiellement basée sur la collecte d'informations et sur l'analyse qui permettra de trouver ou confirmer une problématique. Une attention particulière sera accordée à l'histoire de la personne. Une hypothèse éducative sera retenue et les premières ébauches de l'action seront posées.

Les suivantes

Les mêmes éléments que ci-dessus seront repris, mais il y aura lieu d'être plus rapide pour consacrer un temps à l'analyse de l'évolution du projet. Les différentes fiches d'évaluation seront reprises avec les explications qui tenteront d'expliquer les échecs ou les changements apportés.

Répartition des rôles en synthèse

Le référent éducatif prépare la synthèse en collectant toutes les informations écrites, les observations et les évolutions du projet. Il rédige une première ébauche de façon à présenter toutes ces données d'une manière cohérente. Une autre personne, le chef de service par exemple, se chargera de l'animation de la réunion, de répartir la distribution de la parole. Il sera le garant du temps pour que les différentes étapes du déroulement de la réunion puissent se faire dans la durée impartie. Les autres partenaires : psychiatre, psychologue, infirmière, maîtresse de maison, etc., prépareront également un écrit qui comportera les informations qui concernent leur domaine d'intervention. Chacun pourra modifier ses notes en fonction des informations mises en commun lors de la réunion. Cette façon de fonctionner permet de réduire les délais entre la réunion et la mise à la frappe des documents écrits.

Le départ

Le départ de l'institution est une étape importante de l'évolution de la personne et de son projet. Il y a lieu chaque fois que c'est possible de préparer ce départ. La personne partira avec un projet réactualisé qui continuera ailleurs. Peut-être que d'autres personnes s'occuperont d'elles. Nous nous souviendrons combien ont été utiles les informations que nous avons obtenues au moment de l'admission. A notre tour, nous penserons à ceux qui prennent le relais. Il peut être utile de les rencontrer, de faire le passage en douceur.

17 - PROJETS INDIVIDUALISES ET PROJETS COLLECTIFS

Les personnes accueillies dans les établissements ou les services ont en principe une problématique à résoudre du point de vue des comportements ou d'un handicap. Ces établissements fonctionnent à partir de projets collectifs d'établissement et de groupes. Le projet individualisé est la conjonction des objectifs de la relation d'aide ressortant de la problématique, de ceux du jeune et des projets collectifs.

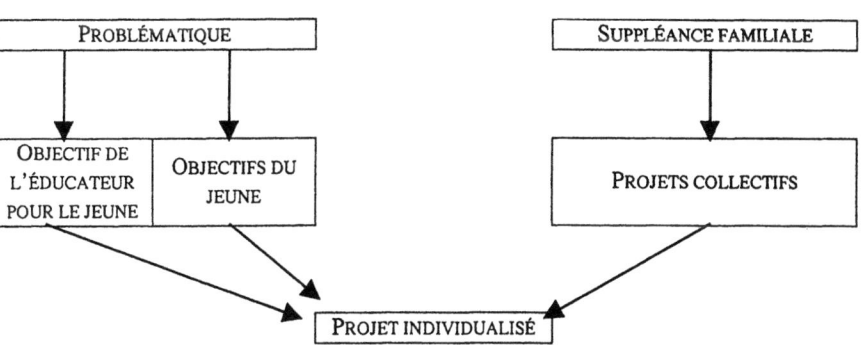

Des modèles de l'éducation comme ceux de Korczak[37] n'ont pas attendu les nouvelles directives et ne se sont jamais souciés de savoir s'ils faisaient du collectif ou de l'individualisé. Ils faisaient les deux. Quand il s'agit d'élever un enfant, que ce soit dans une famille ou une institution, celle-ci est basée sur des principes et des valeurs qui appartiennent à un système, famille, quartier, ville, région, société, pays, etc. Il est clair ici, que c'est le collectif qui est à la base de tout système d'éducation. Par la suite, tout en s'appuyant sur des valeurs l'éducation de l'enfant s'orientera en fonction de sa personnalité, de ses ressources et ses faiblesses. Pour Patrick, il s'agira de travailler un aspect de ses comportements qui ne correspond pas aux valeurs de la société et constituera un handicap pour la socialisation. Pour Sylvie, il sera nécessaire de lui apporter un soutien en français. Pour Nicolas c'est l'absence de père qu'il faudra gérer. Chaque enfant a son caractère, ses problématiques qu'il faudra appréhender pour lui permettre d'être le mieux possible en harmonie dans la collectivité dans laquelle il vit. Le projet individualisé émane forcément du projet de l'établissement et du projet de groupe.

Exemple : Le projet d'établissement propose d'appuyer la qualité de la relation sur la réciprocité et le respect. Le groupe s'est fixé comme objectif dans le cadre d'un petit déjeuner libre, que la dernière qui se lève ait autant à manger que les autres. Les éducateurs seront particulièrement vigilants vis à vis de Corinne qui est égocentrique et doit travailler son respect des autres...[38]

Il serait dommage de parler des projets collectifs sans aborder le fonctionnement collectif ou le système dans lequel évolue la personne. Dans les institutions il y a l'individu et il y a le

---

[37] Médecin, écrivain, éducateur, Janusz Korczak a consacré toute sa vie aux enfants. Ses principaux ouvrages : « Comment aimer un enfant », « le droit de l'enfant au respect ». Korczak est mort à Treblinka en 1942 avec les deux cents enfants de l'orphelinat qu'il dirigeait à Varsovie.

[38] A noter que la mise en place de projets de groupes se fait de la même façon que pour les projets individualisés. Les conseils donnés dans cet ouvrage pourront y être appliqués.

groupe. L'individu peut agir sur le groupe. Il peut occuper une place de leader grâce à sa force physique, son intelligence ou son charisme. Il peut être aussi désigné comme chef ou bouc émissaire. Plus sa place sera importante, plus son influence grandira. Le groupe peut aussi agir sur l'individu, et cela bien géré par l'éducateur peut contribuer à une bonne évolution de la personne.

Nous avons déjà évoqué l'influence du milieu et les pressions de celui-ci pour enfermer une personne dans des comportements et des attitudes anciens. A l'inverse, le groupe peut créer ou faciliter une dynamique de changement.

Exemple : Laure venait de terminer un séjour de vacances qui s'était mal passé. Les éducateurs ont mis en place des temps de parole pour lui permettre de verbaliser ce qui s'était passé et impliquer le groupe pour l'inscrire dans une dynamique différente.

Lorsqu'il existe une bonne dynamique de groupe, celle-ci peut être utilisée pour soutenir le projet individualisé d'un jeune en difficulté. L'éducateur pourra aussi utiliser les énergies existantes par le biais des ressources éducatives utilisables dans le cadre d'une dynamique de groupe. (lieux de parole, jeux de rôle, activités, etc.)

Exemple : Amélie a appris à se tenir droite, à soutenir le regard des autres et à s'exprimer verbalement parce que les autres filles lui faisaient régulièrement des remarques sur ce point.

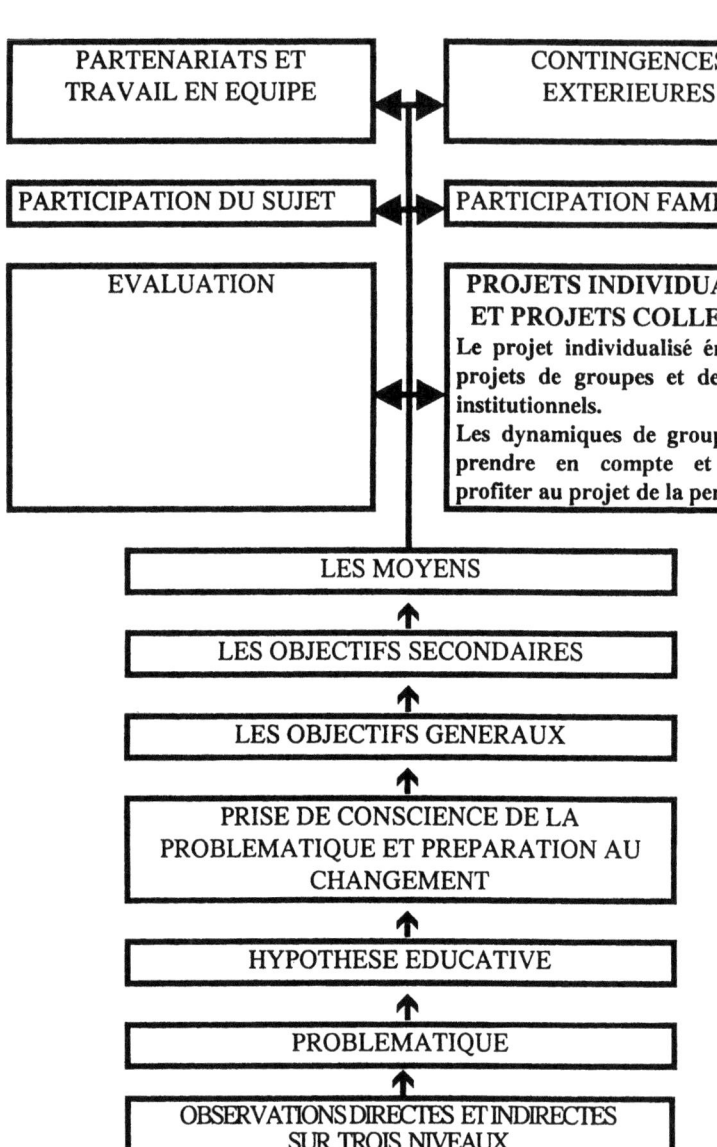

18 - RESPECT DE LA CONFIDENTIALITE

Il est essentiel que les adultes du groupe connaissent les projets de chaque jeune. Il est intéressant également que les autres jeunes soient au courant. Sous réserve de l'accord des enfants, les projets peuvent figurer dans un classeur où chacun peut en prendre connaissance. Il est possible qu'un garçon ou une fille après avoir mis en place un projet avec un éducateur, souhaite qu'il reste confidentiel. Certains adultes peuvent conserver des informations confidentielles qui leurs sont données par les jeunes. L'éducateur est alors partagé entre la nécessité de transmettre l'information à l'équipe et le désir de respecter ce souhait. C'est une question à voir au cas par cas et à négocier avec le jeune. Ce qui importe, c'est d'être intègre. Ou l'on refuse de concéder sur ce point, et le projet reste en suspens ou l'on accepte, mais l'on respecte ses engagements.

Exemple : Il y a toujours des jeunes en cuisine avec les maîtresses de maison. Leur rôle qui consiste à partager le quotidien de manière plus approfondie que les éducateurs les amènent à recevoir de nombreuses confidences. La décision a été prise de ne jamais tromper le jeune même au non du "sacro-saint" travail en équipe.

Evidemment certains aspects du projet ne sont pas concernés. J'ai rarement vu une personne qui souhaitait préserver la confidentialité de ses projets professionnels ou scolaires. Par contre lorsqu'il s'agit d'une problématique familiale cela est plus fréquent. Il est compréhensible qu'une personne ne souhaite pas dévoiler à toute une équipe des faits qui concernent son intimité. Et pourtant ça en fait du monde qui est au courant dans le cadre d'un travail en équipe : les éducateurs du groupe, le directeur, les chefs de service, le psychiatre, le psychologue, le référent social. Cela fait environ dix personnes. Et c'est un minimum. Je constate ici un paradoxe. Dans le milieu médical, où une grande importance est donnée au secret professionnel, on ne semble pas se préoccuper de la question. Si vous vous faites opérer, le chirurgien, l'anesthésiste, les infirmières du bloc opératoire seront informés du contenu de votre dossier. Dans le social, où jusqu'à maintenant nous étions moins sensibles aux questions de confidentialité, cela semble poser plus d'interrogations. Nous n'oublions pas que le projet n'appartient pas à l'éducateur, et qu'il ne peut en disposer à sa fantaisie. Néanmoins, le maintien de cette position engendre d'autres difficultés :

- Comment concevoir le rôle d'aide des autres éducateurs par rapport à ce jeune ?

- L'ensemble d'un projet se doit-il d'être confidentiel ?

- La confidentialité risque d'entraîner l'exclusivité. Est-ce notre démarche, sachant que tout ce qui a pu être dit précédemment démontre le contraire ? Ne vaut-il pas mieux dans ce contexte qu'il n'y ait pas de projet ?

Exemple : André ne voulait pas parler de son projet avec une autre personne que son éducateur. Il voulait que cela reste confidentiel. L'éducateur référent agissait isolément. Ses collègues, ne sachant sur quelles bases travailler se sentaient en difficulté.

La solution pourrait résider dans l'opposition professionnels/public extérieur. Nous pourrions envisager de fonctionner comme en médecine. Les professionnels concernés par le cas seraient au courant, mais se tairaient face aux non professionnels. C'est en fait une attitude qui commence à se développer dans notre secteur.

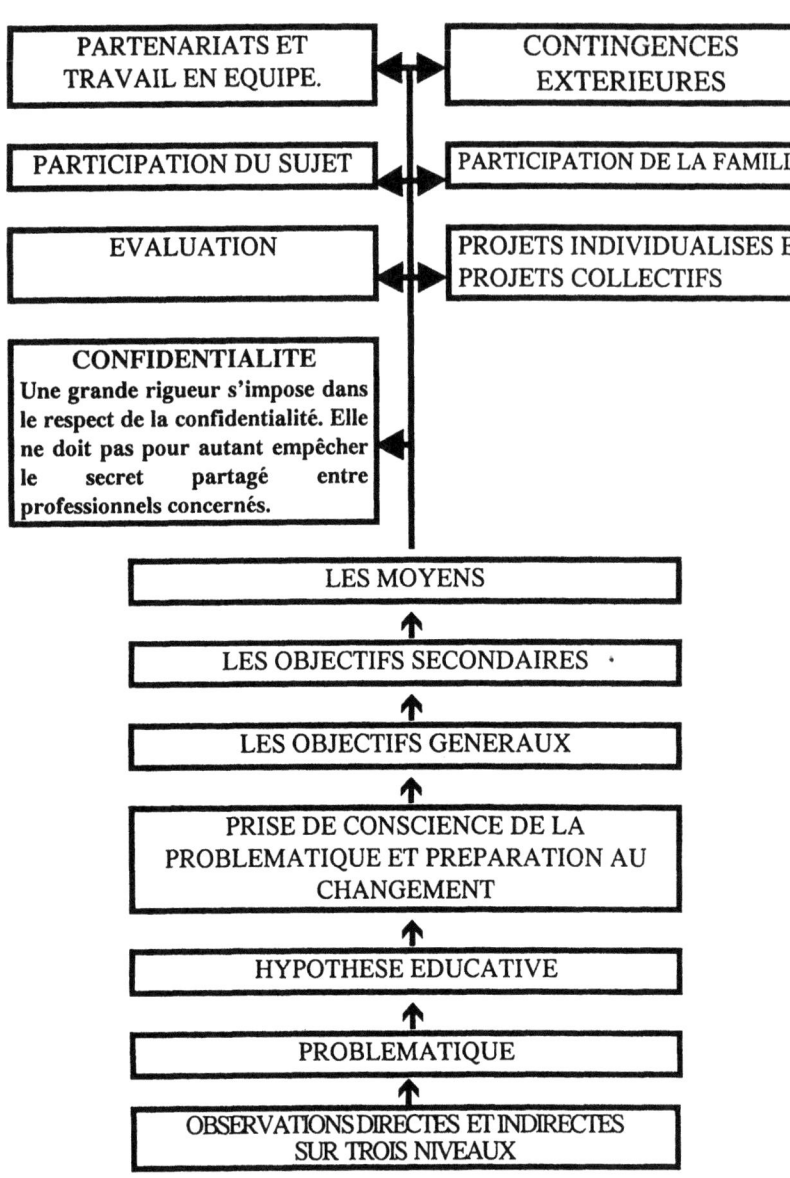

19 - ROLE DE L'EDUCATEUR

L'éducateur est mandaté par la société pour insérer les personnes dont il a la charge. A ce titre il proposera des projets basés sur l'intégration, l'autonomie, les comportements, la formation. Secondairement, il appréhende le mal être des personnes. Est-ce réellement sa mission ? Si nous nous situons dans un établissement où il y a une équipe pluridisciplinaire avec prise en charge thérapeutique la répartition des rôles sera claire. Par contre, dans le cas par exemple des maisons d'enfants le problème est différent. Dans ces établissements, les jeunes arrivent avec des problématiques de plus en plus difficiles et complexes. Il leur est demandé d'accueillir des jeunes pour lesquels on souhaite éviter l'incarcération ou ceux qui ont été refoulés par le secteur psychiatrique. Les éducateurs sont confrontés à des cas d'ordre psychologique. Ils peuvent être amenés à s'engager dans un rôle thérapeutique et aider des personnes vers des objectifs qui se rattachent à ce domaine aussi bien qu'à des projets de vie. Cela entraîne de leur part des attitudes éducatives différentes et complexes.

Dans le rôle purement éducatif l'éducateur sera amené parfois à être plus directif. Il proposera un projet et le confrontera à celui de l'enfant. Dans le rôle thérapeutique, il sera plus réservé et accordera la priorité aux désirs du jeune.

Exemple : Une jeune fille de 17 ans demande son émancipation pour aller vivre avec son copain dont elle est enceinte. Comme elle n'obtient pas de réponse assez rapidement à son goût, elle envisage de fuguer. L'éducateur à qui elle en parle, ne peut accepter cette décision. Il lui dira que leur décision est irréfléchie, qu'ils n'ont pas de revenus, qu'ils sont en contradiction avec la loi. S'il se situe dans un rôle thérapeutique, l'éducateur lui demandera d'évaluer ce qu'elle a gagné et ce qu'elle a à perdre. Il lui demandera si elle pense que ce choix est le meilleur pour elle, sachant que ni le juge, ni qui que ce soit dans le contexte actuel ne s'opposera à cette démarche. La jeune fille qui pense ne pas avoir besoin des services sociaux par la suite, optera pour la fugue et obtiendra ainsi satisfaction de son désir dans l'immédiat.

Les modes d'approche présentés au chapitre 3 de cet ouvrage seront bien utiles pour permettre à l'éducateur de se situer.

En tant qu'acteur l'éducateur a une participation active et immédiate. Il vise des objectifs. En tant qu'observateur, sa participation est passive et différée dans le temps. Il effectue des descriptions. Ces deux rôles sont complémentaires et non en opposition. Ils sont particulièrement difficiles à assumer simultanément. L'acteur éprouve des émotions, il est impliqué. Dans ce cas il est difficile de prendre du recul pour notifier une observation objectivement.

Exemple : Jacques vient de vivre un conflit avec un adolescent de 17 ans qui l'a insulté et menacé. L'éducateur est atteint dans sa personne. Il éprouve des sentiments de colère, de peur, de contrariété... de haine ? Il doit relater les faits et en faire une analyse. C'est en exprimant ce qu'il ressent et en expliquant ses actes comme indiqué dans le chapitre sur l'observation qu'il peut s'en sortir.

Il importe également que l'éducateur s'approprie l'outil projet individualisé, et c'est le but de ce travail. Si la mise en place et le suivi d'un projet individualisé ne paraissent pas nécessaires à l'éducateur, il est plus que probable qu'il ne verra aucune raison d'en convaincre l'adolescent. Dans ce cas, l'éducateur le vivra comme une contrainte. Les évaluations ne seront pas transmises dans les délais et seront faites pour répondre à la demande de la direction plutôt qu'en fonction des besoins.

Une bonne qualité de relation permettra à l'éducateur d'avoir de l'autorité sans devoir recourir à l'autoritarisme. La qualité de cette relation dépendra en grande partie de la pertinence du projet éducatif. Elle s'appuiera également sur le temps et l'énergie que l'éducateur est capable de consacrer à la personne. Cette relation qui se construit progressivement, lentement deviendra un support de plus en plus solide à l'action éducative. Tout comme le jeune enfant, qui fera des efforts pour faire plaisir à sa maman, la personne aidée s'engagera dans un projet individualisé, dans un processus de changement d'autant plus facilement qu'elle aura à ses côtés des adultes à qui elle accorde de la confiance. Il est bien entendu évident, mais il est bon de le rappeler fréquemment, que les adultes se doivent de commencer par travailler la relation entre eux. Savoir travailler avec nos différences, c'est prédisposer le terrain pour y installer une relation de qualité.

LE PROJET INDIVIDUALISE AU QUOTIDIEN

Nous ne pouvons nous contenter de mettre en place un projet et de faire une évaluation toutes les six semaines. Si la pression n'est pas maintenue au niveau du quotidien, il n'est pas évident que les jeunes s'approprient réellement leur projet.

Exemple : Je parle à Denis de son projet. Il m'affirme ne pas être au courant. Je lui énumère les objectifs qui y sont mentionnés. Ca ne lui rappelle rien.

Si, lors de conversations informelles l'éducateur aborde divers points du projet, si régulièrement il contrôle les progrès qui lui permettront de revaloriser le jeune, la pression sera maintenue et les résultats risquent de surprendre.

Après avoir suivi le projet de Denis de cette manière, l'éducateur s'est aperçu que la problématique du jeune était plus complexe qu'elle ne paraissait, et que le garçon disposait de ressources beaucoup plus importantes qu'il ne le pensait.

LE PARTAGE DU QUOTIDIEN FAVORISE UNE MEILLEURE RELATION

Partager une activité avec un enfant favorise la communication et le dialogue. Les jeunes parleront plus facilement. Faire avec, c'est sortir d'une position face à face pour se retrouver «côte à côte » avec la personne. Nous avons souvent remarqué combien les jeunes s'exprimaient facilement quand ils étaient avec nous en voiture. Ils sont assis à côté de nous et regardent dans la même direction. Il est intéressant que cette position ne soit pas que physique, mais qu'elle existe également dans la pensée. D'ordre symbolique, elle est la meilleure qui soit pour gérer un accompagnement. C'est le partage des petites choses de la vie qui créera des liens entre l'éducateur et la personne accompagnée. C'est bien pour cela que je trouve extrêmement médiocre les pratiques des éducateurs qui reçoivent derrière un bureau. Ils cherchent à se protéger peut être.

Le quotidien est riche de situations pour favoriser cette démarche. Cela commence par un lever qui se fait dans le calme et la décontraction ménageant un réveil progressif. C'est aussi la préparation des repas, l'exécution des tâches ménagères auxquelles l'éducateur n'hésitera pas à contribuer. Ce sont les repas pris en commun où l'on s'efforcera de créer une bonne ambiance. C'est un moment privilégié pour les échanges, les dialogues en groupe. C'est aussi l'aide au travail scolaire, les travaux d'entretien, l'organisation des loisirs, les jeux de société, le partage d'une émission de télé, la lecture et diverses animations. C'est enfin une soirée qui terminera la journée par un retour au calme gradué et probablement un rituel au coucher. Dans ces moments de vie, les dialogues sont nombreux et créent des liens avec les jeunes.

La présence effective de l'adulte à leurs côtés, les sécurise. Le fait d'être interrompus constamment quand nous sommes en réunion nous le démontre clairement. De même, il suffit que nous soyons juste partis souffler quelques instants avec le collègue d'à côté pour qu'ils se mettent aussitôt à notre recherche. Dans ces moments là, si nous ne répondons pas immédiatement à l'appel, nous sommes certains d'avoir droit à un chahut. Certains comportements, fugues, sorties non autorisées, chahuts, bagarres sont des signaux que les enfants nous envoient le plus souvent pour exprimer un manque d'attention ou de présence vis-à-vis d'eux. Même avec des adolescents, nous constatons combien ils aiment que les éducateurs fassent leurs courses avec eux. Lors des sorties, bon nombre d'entre eux apprécient de rester en compagnie des adultes.

LE RESPECT MUTUEL

Ce qui est valable pour les jeunes est valable pour nous
Et ce qui est valable pour nous adultes, est valable pour les jeunes !

Une bonne qualité de relation se base sur la réciprocité et le respect. L'adulte qui respecte l'enfant sera plus à même d'exiger de recevoir les mêmes égards. Les enfants seront tentées spontanément de renvoyer un feed-back qui correspondra aux attitudes des adultes. Bien entendu, certains ont amené dans leurs bagages, diverses insultes, tonalités agressives, sarcasmes ou autres. L'éducateur pourra reprendre ces comportements avec plus d'efficacité s'il est respectueux.

LE RESPECT DE L'INTIMITÉ

Le respect de l'intimité, c'est par exemple, frapper aux portes des chambres avant d'entrer, comme nous demandons aux personnes que nous accompagnons de le faire lorsqu'elles se présentent dans un lieu que nous considérons privé. C'est le respect du territoire de l'autre. Leur chambre est leur territoire. Le respecter, c'est aussi s'abstenir de le fouiller pendant leur absence.

RESPECT DE LA DIFFÉRENCE.

C'est respecter les personnes telles qu'elles sont. Nous éviterons de rendre exclusif ce que nous pensons être bien pour elles. La prise en compte de leur point de vue doit au moins être aussi important dans nos orientations. Leurs choix sont souvent difficiles à accepter pour nous. Lorsque certains jeunes nous présentent leurs copains ou copines, nous réagissons avec nos émotions, car bien souvent l'aspect, les comportements, la tenue de ceux-ci ne correspondent pas à nos critères. Le vocabulaire ou les intonations de voix peuvent être différents d'une culture à une autre. Il est délicat de repérer la différence entre le véritable choix et l'expression d'un problème. Il importe de respecter les choix des jeunes, mais aussi de repérer les demandes qui visent à attirer notre attention sur une difficulté ou un mal être. A trop respecter le désir de l'autre ne risquons-nous pas de l'enfermer dedans ?

C'est en faisant le projet avec le jeune que nous éviterons de projeter nos désirs et faire en sorte que ce soit réellement son projet. Il n'est pas question ici, de répondre à tous les désirs et de laisser faire. Nous n'accompagnerons une personne vers ses objectifs que si ceux-ci sont compatibles avec nos valeurs.

LA PAROLE

La façon de parler, les mots utilisés, les intonations de voix démontrent notre manière de respecter. L'éducateur respectueux de la personne, saura reconnaître lorsqu'il fait une erreur et sera capable de présenter ses excuses à celle-ci sans avoir de fierté mal placée.

LE RAPPORT AUX RÈGLES

Les règles sont les mêmes pour les jeunes et pour les adultes. S'il est interdit de fumer dans les lieux de vie, il est inconcevable qu'un éducateur puisse se permettre d'y déroger et ensuite tenter de faire respecter cette règle par un adulte, un adolescent ou un enfant. Il est logique que les jeunes aient la faculté d'interpeller l'éducateur si cela se présente.

Les règles existent non pas pour le plaisir d'imposer un règlement, mais pour rendre la vie en communauté plus agréable. Si l'éducateur pense que la règle ne lui convient pas, peut-être doit-il se poser la question de savoir si elle ne convient pas également aux personnes dont il a la charge. Si c'est le cas, c'est peut-être le moment de la modifier. Les lois et les règles sont faites pour que les hommes et les femmes vivent ensemble. La règle doit avoir un sens. Elle ne peut fonctionner dans le non-sens. S'il est obligatoire de goûter de tout à chaque repas, il est ridicule d'imposer une quantité ou de faire goûter obstinément un plat à une fille qui a déjà plusieurs fois montré sa répugnance pour ce plat.

Il est bon d'expliquer la règle, elle en sera d'autant plus acceptée qu'elle sera comprise. Si celle-ci n'est pas trop précise, elle peut être modulée plus facilement en fonction des personnes et des circonstances. Elle permet de tracer un cadre qui fixe des limites. La question se pose de savoir ce qui se passe lorsque nous sortons du cadre ? C'est une question de capacité à gérer la liberté qui est accordée. Peut-être s'agit-il aussi d'être convaincu de la nécessité ou de l'efficacité de ce cadre. Peut-être aussi est-il mal adapté et est-il nécessaire d'en redéfinir les limites.

Nous proposons de poser les questions suivantes lorsque cela se présente :
    Qui sort du cadre ?
    Quand ?
    Comment ?

Pourquoi ?
Quelles réactions cela nécessite t-il ?

LES ÉCRITS

La meilleure façon d'éviter l'indélicatesse dans les écrits est de toujours garder en tête que ceux-ci peuvent être lus par l'enfant ou sa famille. Nous sommes d'ailleurs favorables à ce que cela se fasse chaque fois que c'est possible. D'autant plus qu'ils peuvent constituer une base pertinente de discussion et de dialogue. Nous ferons en sorte que les écrits comportent des éléments concrets et des analyses qui s'orienteront plus vers l'énoncé d'hypothèses que de certitudes absolues. Nous éviterons toute expression qui comporte des jugements. Nous ne perdrons pas de vue qu'un document écrit peut poursuivre une personne toute sa vie et que nous ne connaissons pas les utilisations qui pourront être faites de ces documents. En dehors des personnes habilitées à les recevoir (juges, référents, responsables de secteur et les personnes concernées elles-mêmes) il est souhaitable d'être très restrictifs dans l'accès à ces documents. Nous pouvons nous poser la question de savoir comment nous réagirions si nous savions que tous nos faits et gestes sont consignés par écrit...

ÉCOUTER ET OBSERVER

Pour gérer la relation, les éducateurs s'efforceront d'être centrés sur les jeunes. Ils seront plus ouverts à l'écoute et à l'observation. L'enfant qui aura eu la possibilité de s'exprimer sera ensuite plus disponible pour entendre ce que l'éducateur lui dit. S'il a le sentiment d'avoir été écouté, il acceptera plus volontiers les exigences. La compréhension favorise la relation. Lorsque nous ne comprenons pas, il importe de renforcer notre écoute. Nous revenons sur la question. Nous créons des opportunités de prise de parole.

Pour entendre, il faut souvent faire preuve d'une écoute attentive et objective. Nous éviterons les interprétations hâtives. L'observation permet de se centrer sur l'autre, et d'être sensible au langage non verbal qui apporte des informations beaucoup plus fiables que les discours. Un mouvement, un geste, un changement de couleur, un regard nous informeront sur les non dits et les ressentis des personnes.

LA GESTION DES ÉMOTIONS

La gestion des émotions est nécessaire pour induire une bonne qualité de la relation. Une peur mal maîtrisée peut amener l'éducateur à être agressif vis à vis des jeunes ou à se protéger derrière des règlements. Il n'osera pas prendre de responsabilités et préférera interdire plutôt que de prendre le risque d'avoir des ennuis. Bien souvent les personnes accompagnées outrepasseront ces interdictions et l'éducateur perdra sa crédibilité.

Exemple : S demande l'autorisation de sortir. Elle n'a pas de but. Elle veut seulement changer d'air. L'éducatrice inquiète de ce que pourrait faire cette adolescente à l'extérieur sans avoir d'activité prévue, refuse la sortie. S sort quand même. Au retour l'éducatrice lui annonce qu'elle sera privée de sortie le lendemain. Le lendemain S se passe d'autorisation et sort. Au retour, l'éducatrice lui dit qu'elle n'est pas d'accord...

Nous imaginons quelle crédibilité doit avoir cette éducatrice si elle fonctionne comme cela régulièrement. Poser un interdit implique de pouvoir le faire respecter. Cela sera d'autant plus facile, si nous nous appuyons sur le principe de ne jamais dire non quand on peut dire oui. La peur peut aussi amener à éviter le conflit. On préférera laisser faire plutôt que de vivre une relation conflictuelle.

Exemple : A est une jeune adolescente caractérielle. Elle crie dans le groupe. Elle terrorise les plus jeunes. Elle ne respecte pas les consignes. Elle se retrouve dans un coin avec deux autres filles qui ont l'habitude de se laisser manipuler. L'éducatrice sent une ambiance lourde dans le groupe. Elle sait que A va bientôt piquer sa crise. Elle aimerait autant que ça se passe après son service, quand son collègue aura pris le relais. Elle attend. Elle laisse la situation s'envenimer. Elle passe une bonne partie de la soirée dans le bureau. C'est là où elle se sent le plus en sécurité. Pendant ce temps, la pression monte. A réussit à entraîner les deux autres et la soirée se termine par l'une des plus belles pagailles de l'année dont nous passerons les détails.

L'éducatrice a attendu que A prenne l'initiative, et c'est celle-ci qui a mené le jeu toute la soirée. C'était à l'adulte de décider quand aurait lieu le conflit, de saisir le moment le plus opportun afin de maîtriser la situation. On ne peut transmettre des capacités d'espoir et de lutte pour la vie si on est soi-même plein d'inquiétude. La colère peut être intéressante quand elle est ressentie comme une atteinte à nos limites, comme l'expression d'un ressenti profond à condition que nous en maîtrisions les conséquences dans le sens d'un affrontement certes, mais qui respecte l'autre dans son intégrité. L'éducateur doit pouvoir exprimer ses sentiments. Faire du bruit quelquefois et montrer qui est le patron peut être sécurisant. Dans ces moments là, c'est plus la mise en scène qui compte. Par contre, se laisser aller à sa colère et se laisser porter par elle, nous amène la plupart du temps à poser des actes qui créeront un sentiment d'insatisfaction, de déprime et de négation de l'autre.

Exemple : B est une autre caractérielle. Elle est en crise. L'éducateur intervient. B l'insulte. Il répond en criant. C'est à celui qui haussera le plus la voix. Nous assistons à un concours vocal.

Dans cet exemple, l'éducateur emporté par sa colère est entré dans le jeu de la fille. Il n'a obtenu aucun résultat. Encore une fois la jeune a mené le jeu.

Gérer les émotions, c'est aussi prendre en compte celles des jeunes. Etre capable de prendre des distances nous aidera à mieux comprendre leur ressenti.

SÉCURITÉ ET CONVIVIALITÉ

Nous sommes responsables de la sécurité des adolescentes, tout en veillant à ne pas les fragiliser par une protection excessive. Un oui systématique peut être insécurisant, qu'il soit dû à un excès de bonté ou à une peur du conflit. La personne peut penser que nos réponses proviennent de notre indifférence. Le non permet l'affrontement et peut amener l'adolescent ou l'enfant à s'opposer à l'adulte. Ce jeu peut être intéressant s'il est joué intelligemment. Pour cela, il faut que le jeune ait des chances raisonnables de gagner et d'utiliser ses capacités de convaincre. Il s'en servira pour faire changer d'avis l'éducateur. C'est un jeu de négociations dans lequel il y a de la communication et la recherche d'un consensus. Il s'applique dans le domaine de ce qui est négociable.

Il convient par contre d'être vigilant et de faire en sorte que les réponses négatives ne servent pas à cacher des craintes, des peurs ou tout autre sentiment. Et pourquoi dire non quand on peut dire oui ?

La convivialité, c'est partager des bons moments ensemble, créer un cadre de vie et des lieux où les jeunes se sentiront bien. Un groupe qui vit apporte le bien-être et la sécurité. Il en est de même des échanges confiants entre adolescents et éducateurs. Un groupe convivial et sécurisant sera aménagé et meublé agréablement. Il sera décoré. Il y aura des plantes, des étagères avec des livres, des jeux, des objets. Les fugues seront rares. Les règlements seront simples et souples. Il n'y aura pas de dégradation : ni carreau cassé, ni griffes sur les boiseries, ni papier peint déchiré. Ca ne veut pas dire que ça n'arrive jamais, mais c'est réparé au fur et à mesure. Les éducateurs y partagent pour la plupart du temps des activités avec les jeunes.

Valoriser

Valoriser, c'est reconnaître et exprimer les capacités des jeunes. C'est souligner les efforts et les évolutions. C'est voir en priorité le positif et leur donner confiance en eux. C'est trouver les détails qui les mettront en valeur. Nous leur confierons des responsabilités accessibles. Ils seront associés à la vie du groupe. Nous développerons les notions d'efforts. Nous soulignerons plutôt ce qui va bien, que ce qui va mal. Il s'agira également de ne pas confondre nos échecs avec les leurs. Ca n'est pas parce qu'ils nous mettent à un moment donné dans ces situations, qu'ils ne sont pas en réussite. Il nous paraît important également d'éviter la culpabilisation. C'est un sentiment particulièrement nuisible. La personne culpabilisée, se taira ou se révoltera, mais se renforcera sur ses positions.

La confiance

C'est la clé des relations humaines. Il est important de pouvoir faire confiance pour se socialiser. Il faut pouvoir donner sa confiance à l'autre pour qu'il puisse prouver qu'il en est digne. La confiance ne se décrète pas. C'est quelque chose qui est relié au ressenti et que nous accordons aux autres en fonction de critères que nous établissons. Elle est reliée le plus souvent à l'honnêteté, à un sentiment de sécurité. C'est un sentiment positif qui amène à se fier à quelqu'un, souvent au-delà des apparences, parce que nous lui reconnaissons certaines compétences. Elle permet d'éviter les jugements hâtifs. Les enfants en ont besoin. Avoir la confiance de l'autre permet de se sentir reconnu, écouté, respecté. Cela montre qu'on existe. La confiance engendre la tolérance, la solidarité, la valorisation. Elle favorise l'acceptation de la différence. Elle permet de se parler et d'échanger dans la sincérité. Elle se mérite. Il faut en être digne. C'est un état évolutif qui doit se créer et qui peut se perdre. Il est préférable qu'elle soit réciproque aussi bien entre jeunes et adultes, qu'entre adultes.

Cela facilite énormément le travail. Elle est indispensable à un bon travail en équipe.

Nous avons parlé de la confiance accordée aux autres, mais peut être qu'il importe d'avoir en premier lieu confiance en soi. Cela implique un travail sur soi-même. Accorder sa confiance comporte le risque de se livrer à l'autre. Un climat de confiance sera repérable aux marges de liberté qui sont accordées, à la présence de dialogues. Les gens seront capables de se parler. Les plaintes en apartés seront rares. Les jeunes n'hésiteront pas à se confier aux éducateurs et les éducateurs à la direction.

C'est sur la qualité de la relation que l'éducateur fondera son autorité. Il n'aura plus besoin d'utiliser l'autoritarisme. Il aura plus de facilité à convaincre les personnes pour qui il sera quelqu'un d'important qu'elles chercheront à imiter. Les mesures coercitives lui seront de moins en moins nécessaires. Il lui sera beaucoup plus facile d'amener par exemple des adolescents à s'engager dans un projet individualisé avec des objectifs qu'il pourra accompagner.

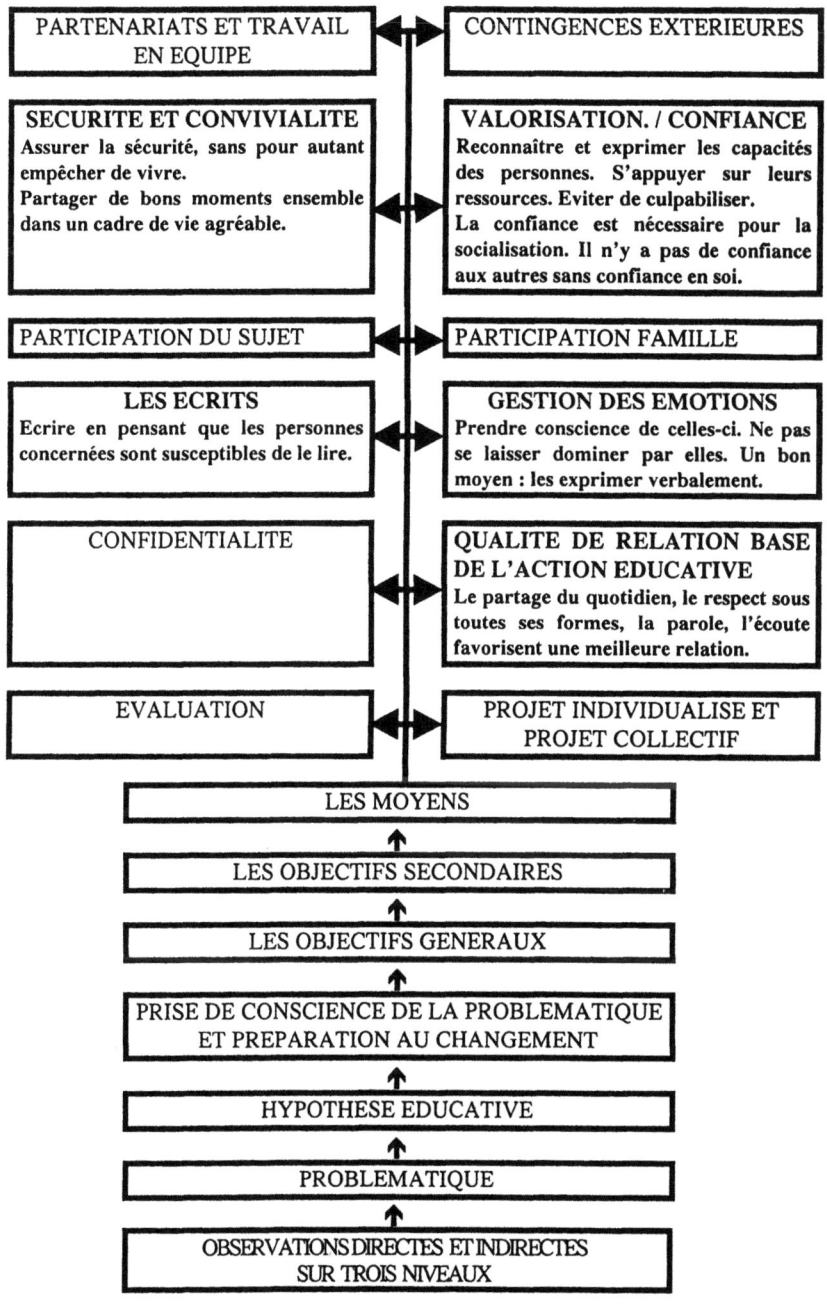

20 - PRESENTATION D'UNE METHODOLOGIE

J'ai expliqué à plusieurs reprises dans cet ouvrage que le but était de permettre au lecteur de construire sa propre méthodologie. Certaines très sophistiquées existent déjà et sont appliquées dans de nombreux établissements.

J'ai choisi de vous en présenter une ci-dessous. Il va de soi que les éducateurs peuvent se construire des méthodologies beaucoup plus simples.

Les informations apportées sur cette méthode sont bien entendu succinctes, et je vous invite à vous reporter au livre de Jean Marc Dutrénit. Il constitue un excellent mode d'emploi de l'outil créé par cet auteur.[39] L'auteur base son approche sur le développement des compétences sociales. Plus celles-ci sont développées et plus la personne possède de ressources pour réussir sa vie.

Il propose aux travailleurs sociaux d'utiliser un outil de requalification sociale pour permettre aux personnes en difficulté

---

[39] Jean Marc Dutrénit : «La compétence sociale : diagnostic et développement» L'Harmattan, 1997.

d'acquérir des compétences comportementales plus adaptées à leur environnement.

Cet outil est composé d'un ensemble de critères mettant en avant des capacités à développer la motivation, le sens des responsabilités, l'anticipation, la maîtrise de l'espace, l'image de soi positive, l'utilisation des acquis en toutes circonstances, l'idée que l'on peut se construire ou se reconstruire soi-même, l'utilisation des acquis dans des disciplines implicites de la vie quotidienne (gestion, santé, budget, formation, emplois, famille, loisirs).

Je me suis retrouvé parfaitement dans cette démarche. Les différents chapitres de ce livre montrent bien l'importance de travailler sur les comportements, de développer la flexibilité et les ressources des personnes, leur permettant ainsi de déployer des stratégies gagnantes.[40] C'est de là qu'émergeront les outils adéquats qui aideront les personnes que nous suivons à quitter leurs déviances, à vivre autrement leur handicap, à renouer avec leurs études en vue de quitter la disqualification. Faute de cela, privées d'apprentissages sociaux et professionnels, ces personnes resteront dépourvues d'ambitions et de compétences acquises. Tout comme les dames patronnesses nous les condamnerions à s'enfermer au bas de l'échelle sociale développant leurs croyances qu'ils ne peuvent progresser.

La méthode de Jean Marc Dutrénit s'appuie essentiellement sur l'outil informatique. Elle propose une classification en sept domaines, six facteurs et quatre types d'items. Elle permet ainsi une analyse très affinée qui donne un portrait complet, si non exhaustif de la personne suivie.

---

[40] Daniel Granval : « La spirale irréversible ou l'approche stratégique du fonctionnement d'un groupe de vie d'enfants en difficulté comme moyen d'appréhender les pratiques éducatives. » Mémoire DSTS 1990.

Les sept domaines sont : La famille, les loisirs, la santé, le budget, le logement, la formation, la profession.

Les six facteurs sont la motivation, l'anticipation, la maîtrise de l'espace, l'image de soi, la responsabilité, l'utilisation des acquis.

Les quatre types d'items se répartissent comme suit :
- Apporter une contribution négative
- S'abstenir de le faire
- S'abstenir d'apporter une contribution positive
- Apporter une contribution positive.

Exemple : Dans le domaine loisirs nous observerons la motivation d'une personne. Elle refusera de participer aux activités du groupe ou elle participera quand elle sera sollicitée. Elle s'abstiendra de participer à des activités extérieures ou elle sera impatiente de s'y rendre.

Contribution négative	*Abstention contribution. Négative.*	*Abstention contribution. Positive*	*Contribution positive*
Refus de participer aux activités du groupe.	*Accepter l'injonction de participer aux activités du groupe.*	*Ne participe à aucune activité extérieure.*	*Participe aux activités extérieures.*

Ainsi, il y a 24 items par domaine (6 facteurs * 4) et 28 par facteur (7 domaines * 4).

A partir de ces éléments, un logiciel baptisé « Accompagnement Plus » comportant un descripteur de compétence sociale adapté à une grande variété de handicaps enregistrera les données, proposera un diagnostic et une démarche d'action.

Bien entendu, il n'est pas question pour moi de me reposer totalement sur l'informatique ou même sur une méthodologie. Ceci est un outil à utiliser avec précaution. Il ne saurait être question de lui incomber la responsabilité de déviances qui pourraient être dues à de mauvaises utilisations.

L'auteur de cette approche se propose de venir présenter l'outil pendant deux jours à une équipe qui se déterminera ensuite pour continuer ou non la démarche.

L'adaptation du logiciel et la formation du personnel constituera une deuxième étape. Enfin, il y a un suivi qui est assuré avec une organisation proposée par le maître d'œuvre.

Cette méthodologie me paraît pertinente pour une équipe éducative capable de maîtriser un outil. Elle apporte des éclaircissements, des pistes, mais n'est en aucun cas un objet décisionnel. Les éducateurs doivent rester les moteurs du projet individualisé et les personnes suivies les acteurs. Elle peut aussi apporter une grande amélioration au niveau de l'évaluation. Les critères sont clairement définis. Si les objectifs sont concrets, l'évaluation ne sera plus un problème délicat pour les éducateurs.

CONCLUSION

Certains aspects présentés dans cette méthode sont plus spécifiques que d'autres aux maisons d'enfants. Néanmoins les grandes orientations restent les mêmes pour n'importe quel type de structures pour lesquels elles pourraient être adaptées en fonction de leurs spécificités. Nous pourrons même envisager leur utilisation à des fins de projets d'accompagnement pour des groupes ou des familles.

Comme le montre le schéma qui nous a accompagné au cours d'une bonne partie de ce livre, il y a une trame centrale qui est la base de la pratique des projets individualisés. Elle comprend les observations. Celles que nous ferons directement et celles qui nous parviendront de tiers par le biais de conversations ou d'écrits. Elles seront considérées du point de vue du comportement de l'enfant, tout en portant un regard sur la réponse éducative et sur le fonctionnement institutionnel. Il est recommandé de s'appuyer sur un ou plusieurs modes d'approches parmi ceux qui sont présentés dans ce livre ou parmi d'autres. Il en existe des dizaines. Ce travail permettra de définir une problématique. Pour cela, nous prendrons en compte les différents contextes qui touchent la personne, que ce soit la famille, la santé, les capacités d'adaptation et d'intégration, la scolarité ou la vie professionnelle, l'autonomie, le développement de la personnalité etc. L'échelle des critères de la personne complétera notre analyse. Elle comprend les émotions, les croyances, les désirs, les valeurs, les besoins, les aspects cognitifs, les expériences de vie. L'analyse sera ainsi suffisamment fine pour éviter de confondre la véritable problématique avec des symptômes ou des problèmes passagers et mineurs. Nous pourrons établir l'hypothèse éducative qui comportera une variable déterminante et une variable conditionnelle. La variable déterminante indique le but à atteindre, les changements à apporter. La variable conditionnelle donne une direction à prendre pour atteindre ce but et les conditions à remplir. L'hypothèse éducative sera exprimée en une ou deux phrases. Pour agir avec efficacité, avant d'engager des objectifs nous vérifierons quelles sont les dispositions de la personne. Il est très difficile, voire impossible d'aider des personnes qui ne sont pas motivées. Le travail préalable peut être de créer cette motivation. Pour cela, il faut savoir si le sujet est conscient du problème ou de l'intérêt de changer. Dans l'affirmative, nous nous interrogerons sur son envie de changer et ensuite sur ses dispositions à changer. C'est après cela seulement, que nous définirons les objectifs généraux. Ceux-ci indiquent les directions générales dans les différents domaines qui touchent la personne. Ils précéderont les objectifs secondaires ou opérationnels, qui, eux seront concrets. Les moyens enfin, constitueront l'ensemble des éléments qui permettront d'atteindre les objectifs.

A partir de cette étape, la pratique des projets individualisés est accessible. Celles qui suivront permettront d'améliorer les compétences dans la pratique de l'outil. Plus l'éducateur, la maîtrisera, plus il s'efforcera de contrôler les liens de l'axe principal avec les différentes branches : Lien entre la problématique et les perspectives de changement ; entre les différents projets ; avec la dynamique de groupe, avec les motifs du placement, la problématique familiale, les contingences extérieures, les critères, les ressources, les croyances, etc.

Schéma d'élaboration d'un projet individualisé (1ère partie).

LES MOYENS
Ils permettent d'atteindre les buts. On doit pouvoir répondre à la question « comment je vais faire pour atteindre l'objectif ? ». Attention à la confusion moyens/objectifs.

LES OBJECTIFS SECONDAIRES
Ils sont concrets. On doit pouvoir répondre à la question : « Comment je saurai que l'objectif est atteint ? »

LES OBJECTIFS GENERAUX
Les objectifs généraux indiquent une direction générale. Nous en distinguons différents types : Famille, scolarité ou orientation, projet de vie, comportemental, autonomie, psychologique, santé, relations, socialisation, épanouissement personnel.

PRISE DE CONSCIENCE DE LA PROBLEMATIQUE ET PREPARATION AU CHANGEMENT
Vérifier où en est la personne par rapport aux trois étapes du changement. - Prise de conscience du problème ou de l'intérêt de changer. - Avoir envie de changer. En mesurer le coût et les avantages. - Etre prêt à changer.

HYPOTHESE EDUCATIVE
Variable déterminante = but à atteindre. Quel est le changement à apporter pour la personne ? Variable conditionnelle = La direction à prendre pour atteindre le but. Que faut-il remplir comme conditions pour cela ?

PROBLEMATIQUE
La problématique sera définie en prenant en compte les différents contextes qui touchent la personne : santé, capacités d'adaptation et d'intégration, développement de la personnalité, milieu familial, scolarité, autonomie et l'échelle des critères définie par ses croyances, ses désirs, ses valeurs, ses besoins, ses émotions, ses aspects cognitifs, ses expériences de vie.

OBSERVATIONS DIRECTES ET INDIRECTES SUR TROIS NIVEAUX
- Observations directes : observées par soi –même. Observations indirectes : informations transmises par des tiers.. - Sur trois niveaux : Comportement du sujet, attitudes éducatives, fonctionnement de l'institution. Utilisation des modes d'approche pour l'analyse. (PNL, Approches systémique, stratégique, paradoxale, transactionnelle, comportementaliste.

Pour que le sujet soit motivé, il importe qu'il soit acteur de son projet. Une démarche participative s'impose. Pour cela, nous prendrons en compte les critères de la personne, nous vérifierons comment elle se situe dans les trois étapes sur la préparation au changement citées plus haut. Le projet sera source de dialogues, de négociations. Il prendra en compte les besoins, il sera à l'écoute, il saisira les opportunités. Bien entendu, cette participation sera adaptée aux capacités de la personne. Chaque fois que cela sera possible ou souhaitable, la famille sera impliquée. Nous constaterons des évolutions rapides lorsque cela se produira. Cette collaboration sera cependant réfléchie et adaptée. La participation de la famille permettra à celle-ci de ne pas se dessaisir de leur enfant. Le travail en partenariat sera privilégié dés que ce sera réalisable. Les partenaires sont multiples et variés selon les établissements. Leur participation permettra un accroissement des moyens. Le travail en équipe permettra de coordonner l'action du projet. Nous repérerons les divergences d'objectifs et de stratégies des différents partenaires pour aboutir plus facilement à un consensus. L'éducateur s'efforcera de soigner la qualité de la relation avec le jeune. Ce sera pour lui la base du travail éducatif. Il bâtira cette relation, par le respect, l'écoute, le partage du quotidien, la confiance, la convivialité etc. Il s'appuiera sur les ressources des jeunes. Il utilisera la dynamique de groupe au bénéfice des projets individualisés. Progressivement, l'éducateur parviendra à atténuer l'aspect formel de la démarche. Il n'aura plus besoin de s'installer à une table avec un papier et un crayon. Il abordera avec le jeune, son projet dans le cadre des activités quotidiennes. Comme tout projet, le projet individualisé sera évalué. Il s'agira de vérifier si les objectifs ont été atteints. Dans le cas contraire, il faudra en découvrir les causes de manière à apporter les modifications nécessaires au projet.

Schéma d'élaboration d'un projet individualisé (2ème partie).

PARTENARIATS ET TRAVAIL EN EQUIPE
La participation de partenaires multiples selon les établissements permet un accroissement des moyens. Le travail en équipe est indispensable pour coordonner l'action du projet.

CONTINGENCES EXTERIEURES
Repérer les divergences d'objectifs et de stratégies des différents partenaires permet d'aboutir plus facilement à un consensus.

PARTICIPATION DU SUJET
- Prise en compte des critères de la personne.
- Vérifier comment elle se situe dans les trois étapes de la préparation au changement.
- Dialogue, négociation.
- Prise en compte des besoins.
- Ecoute, saisie opportunités.
- Participation adaptée aux capacités de la personne.

PARTICIPATION FAMILLE
Dès qu'une famille participe au projet de son enfant nous constatons des évolutions rapides.

Cette collaboration doit cependant être réfléchie et adaptée.

La participation de la famille permet à celle-ci de ne pas se dessaisir de l'enfant.

LES ECRITS
Ecrire en pensant que les personnes concernées sont susceptibles de le lire.

GESTION DES EMOTIONS
Prendre conscience de celles-ci. Ne pas se laisser dominer par elles. Un bon moyen : les exprimer verbalement.

CONFIDENTIALITE
Une grande rigueur s'impose dans le respect de la confidentialité. Elle ne doit pas pour autant empêcher le secret partagé entre professionnels concernés.

QUALITE DE LA RELATION BASE DE L'ACTION EDUCATIVE
Le partage du quotidien, le respect sous toutes ses formes, la parole, l'écoute favorisent une meilleure relation.

EVALUATION
Vérifier si les objectifs sont atteints. Contrôler la pertinence des différentes étapes du projet : Problématique, hypothèse éducative, objectifs, moyens. Refaire le travail d'observation.

PROJET INDIVIDUALISE ET PROJET COLLECTIF
Le projet individualisé émane des projets de groupes et des projets institutionnels. Les dynamiques de groupe sont à prendre en compte et peuvent profiter au projet de la personne.

Schéma d'élaboration d'un projet individualisé (1ère partie).

La pratique des projets individualisés ne doit pas faire perdre de vue l'importance des projets collectifs. L'action individualisée ne résout pas tout. Considérons la comme un outil utilisable et efficace mais en aucun cas universel. Les établissements sont des collectivités avec leurs propres réalités. Ils comprennent des groupes, des sous-groupes qui sont de véritables entités du système que constitue l'institution. Les projets individualisés seront complémentaires de projets de groupes, de projets d'établissements qui découleront eux-mêmes de projets associatifs ou sociaux.

A chacun d'expérimenter la méthode comme il l'entend, de l'utiliser à sa manière. Je serai toujours très intéressé et très reconnaissant à ceux qui voudront bien me faire part de leurs expériences dans ce domaine.

Bibliographie

BACHMAN Christian et SIMONIN Jacky
Changer au quotidien
Etudes Vivantes, Social

BARBIER Jean Marie
Elaboration de projets d'action et planification
PUF

BERGER Maurice
Les séparations à but thérapeutique,
Privat

BERNE Eric
Des jeux et des hommes
Stock 1976

BOUTINET Jean Pierre
Anthropologie du projet
PUF

BRACONNIER A. et MARCELLI D.
L'adolescence au milles visages,
Editions universitaires

CROZIER Michel et FRIEDBERG Erhard
L'acteur et le système,
Seuil, Points, 1981

DE LANDSCHEERE Viviane et Gilbert
Définir les objectifs de l'éducation,
PUF

DE ROBERTIS Christina
Méthodologie de l'intervention en travail social
Centurion, 1989

DILTS Robert
Mozart et Disney stratégie du génie
Freud et Telsa stratégie du génie
Aristote et Einsten stratégie du génie
Vinci et Holmes stratégie du génie
La Méridienne, 1997

DOLTO Françoise
Tout est langage,
Vertiges du Nord, Carrère, 1988

DU RANQUET Mathilde
Les approches en service social,
Centurion

DURNING Paul
Education et suppléance familiale,
Université Paris et Nanterre, Laboratoire de sciences de l'éducation.

DUTRENIT Jean Marc
La compétence sociale : Diagnostic et développement.
L'Harmattan,1997.

EGAN Gérard et FOREST Françoise
Communication dans la relation d'aide,
Etudes vivantes, 1992

GELINIER
Direction participative par objectifs

GRANVAL Daniel
La spirale irréversible : L'approche stratégique du fonctionnement d'un groupe de vie d'enfants en difficulté comme moyen d'appréhender les pratiques éducatives,
Mémoire DSTS, 1990.

JOULE et BEAUVOIS
Petit traité de manipulation à l'usage des honnêtes gens.

KORCZAK Janusz
Comment aimer un enfant.
Laffont 1978.

KORCZAK Janusz
Le droit de l'enfant au respect.
Laffont, 1979.

LABORATOIRE DE RECHERCHES OPERATOIRES EN PSYCHOLOGIE ET SCIENCES SOCIALES
Le projet
L'Harmattan

LABORDE Génie
Influencer avec intégrité,
Interéditions, 1991

LADSOUS Jacques
Le projet social,
Scarabée Cemea

LAPAUW Régis
Educateurs... inadaptés,
EPI

LEMAY Michel
Les groupes de jeunes inadaptés
P.U.F.
J'ai mal à ma mère,
Fleurus

LIFTON Betty Jean
Janus Korczak, le roi des enfants,
Laffont

LOUBAT Jean René
Elaborer son projet d'établissement social et médico-social
Dunod

MAGEROTTE Ghislain
Manuel d'éducation comportementale clinique
Pierre Mardaga – Bruxelles.

MERIGOT D
Familles en structures d'accueil. Approche systémique.
Harmattan, 1998.

MEYER Philippe
L'enfant et la raison d'état,
Seuil, 1977

MONNERET Simon
Les thérapies du comportement
RETZ 1982

NUTTIN Joseph
Théorie de la motivation humaine
PUF

OBIN Jean Pierre, CROS Françoise
Le projet d'établissement
Hachette

PICARD Dominique
Du code au désir,
Dunod

POSTIC Marcel et DE KETELE Jean Marie
Observer les situations éducatives
PUF

RUHAUD B
Placement familial et gestion de l'autorité parentale.
Harmattan, 1998.

SALEM Gérard
L'approche thérapeutique de la famille,
Masson éditeur, 1990

SCHEID JC
Les grands auteurs en organisations
DUNOD

VARGA Kati
L'adolescent violent et sa famille,
Privat

VOCAT Y
Apprivoiser la déficience mentale.
Harmattan, 1997.

WATZLAWICK P., WEAKLAND J. et FISCH R.
Changements : Paradoxes et psychothérapie,
Seuil, Points 1981

WATZLAWICK Paul
Le langage du changement : Eléments de communication thérapeutique,
Seuil, Points, 1986

Francis CAMPAGNE

VIE ET LABEUR EN MAISON D'ENFANTS

SUR DES IDEES DE
DANIEL GRANVAL
ET FRANCIS CAMPAGNE

Prix unitaire : 65 francs.

Frais de port : **16 Fr** pour un exemplaire et 5 Fr par exemplaire supplémentaire.

La maison d'enfants par l'autre bout de la lorgnette, d'une autre lorgnette... Ce recueil de dessins n'a pas la prétention d'analyser ou de faire le tour de la question des « MECS » (maison d'enfants à caractère social). Une encyclopédie n'y suffirait pas. Avec ces humbles graffitis, il vous est seulement proposé de sourire tout en offrant, au-delà du trait, autant de regards, d'interrogations, d'idées.

Evidemment, dès qu'on s'empare d'un crayon, celui-ci est piloté par l'expérience personnelle, le célèbre « vécu ». Chacun y reconnaîtra le sien, ou jettera un œil amusé et curieux sur ces extraits de pratique. Comparaisons autorisées.

Bon de commande à remplir et à renvoyer à :
Francis CAMPAGNE, Rue de fer, 59660 MERVILLE
Accompagné de votre paiement en chèque.

Bon de commande « C'est pas évident », (à découper ou recopier)

Nom et prénom :

Adresse :

Code postal :   Ville :

Commande ……..exemplaire(s) du livre « C'est pas évident »
Et joins un règlement de……….francs, incluant les frais de port.
Chèque à l'ordre de Francis Campagne

Fait à………………...le……………………

Signature

654192 - Mai 2016
Achevé d'imprimer par